か必要なのですか

［日］稲盛和夫 著

曹岫云 译

经营为什么需要哲学

なぜ経営には哲学が必要なのですか

人民邮电出版社

北京

图书在版编目（ＣＩＰ）数据

经营为什么需要哲学 ／（日）稻盛和夫著；曹岫云译. -- 北京 ：人民邮电出版社，2021.11
ISBN 978-7-115-57639-2

Ⅰ．①经… Ⅱ．①稻… ②曹… Ⅲ．①稻盛和夫－企业管理－经验 Ⅳ．①F279.313.3

中国版本图书馆CIP数据核字(2021)第203941号

◆ 著 ［日］稻盛和夫
　　译 曹岫云
　　责任编辑 王铎霖
　　责任印制 周昇亮

◆ 人民邮电出版社出版发行 北京市丰台区成寿寺路 11 号
　　邮编 100164 电子邮件 315@ptpress.com.cn
　　网址 https://www.ptpress.com.cn
　　涿州市京南印刷厂印刷

◆ 开本：880×1230 1/32
　　印张：7.5 2021 年 11 月第 1 版
　　字数：200 千字 2025 年 5 月河北第 5 次印刷

著作权合同登记号 图字：01-2021-5515 号

定价：69.00 元
读者服务热线：（010）67630125 印装质量热线：（010）81055316
反盗版热线：（010）81055315

经营为什么需要哲学

提高心性，拓展经营

作为人，何谓正确

将哲学融入自己的血肉，付诸实践

目录 /

总序

贯彻做人的正确准则 1

译者序

正确思考的力量 7

第一章

经营为什么需要哲学（一） 19

稻盛哲学的孕育 21

追求共同幸福的哲学 28

"京瓷哲学"的精髓 37

第二章

经营为什么需要哲学（二）　49

为什么重提经营需要哲学　51

经营需要哲学的原因　56

如何实践经营哲学　72

品格决定经营者的统率力　75

第三章

当代经营者应该成为怎样的人　83

正确地经营企业　85

以"共生"观念和"利他"观念经营企业　97

第四章

盛和塾塾生心得

稻盛成功方程式的启示　　117

把"利他之心"引进加利福尼亚　　128

"利他哲学"引领企业持续发展　　150

实践稻盛哲学，洞察未知真理　　167

提升心性，拓展经营　　183

坚持稻盛经营学不动摇，打造国际知名矿机品牌　　203

115

经营为什么需要哲学

总序 ／ 贯彻做人的正确准则

从 1959 年至今长达半个世纪内，我创建并经营了京瓷和 KDDI 两家企业集团。很幸运，这两家企业都取得了长足的发展。现在这两家企业的业绩简单相加，销售额达 4.7 万亿日元，利润逼近 6000 亿日元。

另外，2010 年，我接受日本政府的邀请，就任代表国家形象的、破产重建的日本航空公司的会长。在重建过程中，我着力于经营干部的意识转变，以及企业体质的改善。这样的努力，第一年就取得了可喜的成果，业绩大幅超过了重建计划中预定的数字，现在日本航空的利润率已超过两位数，正在变成一个高收益的企业。

取得这些成就，原因不过是在企业经营中，我彻底地贯彻了经营的原理原则而已。那么，所谓原理原则是什么呢？那就是"贯彻做人的正确准则"。我在必须做出经营判断的时候，总要扪心自问："作为人，何谓正确？"答案是坚持把作为人应该做的正确的事情以正确的方式贯彻到底。

或许有人认为，这样的经营要诀未免太简单、太朴实了。但是，正因为贯彻了这条原理原则，我自己以及继承我工作的京瓷和 KDDI 的经营干部，才没有发生过经营判断上的失误，才使企业顺利地成长发展到今天。

我的经营哲学还有另外一个侧面。那就是：立足于宇宙的本源以及人心的本源来展开经营活动。

我认为，在这个宇宙间，流淌着促使万物进化发展的"气"或"意志"。同时我认为，人的本性中充满"爱、真诚与和谐"。所谓"爱"，就是祈愿他人好；所谓"真诚"，就是为社会、为世人尽力；所谓"和谐"，就是不仅让自己，也要让别人生活幸福。

如果我们每一个人都以充满"爱、真诚与和谐"之心去生活、去工作，那就意味着与引导万物向好的方向发展的宇宙的潮流相一致。这样，我们的经营就会顺畅，人生就会美满。这就是我在将近 80 年漫长的人生中坚信不疑的"真理"。

本书就遵循这样的思想，由近年来我在中国的演讲为主编辑而成。面对中国的经营者和企业干部、政府官员和大学学者以至一般市民，我都从原理原则讲起，涉及人的本性和宇宙的本源，阐述经营和人生的要诀，获得了人们广泛的赞同。

近期，我的演讲将汇编为图书在中国出版发行，作为著者，我衷心希望，从人和宇宙的本源谈起的我的哲学，能够跨越国界、民族和语言的障碍，到达广大中国男女老少的手中，为让他们的人生更美好、经营更出色做出我的一份贡献。同时，如果这对促进一衣带水的中日两国的友好关系也能助上一臂之力，那就是我的无限之喜了。

在本书出版之际，请允许我对为出版本书做出不同寻常努力的稻盛和夫（北京）管理顾问有限公司的曹岫云董事长，以及很爽快地为本书提供文稿的中国和日本的有关企业家表示深切的谢意。

谨以此文作为本书的序言。

稻盛和夫
日本京瓷名誉会长

经营为什么需要哲学

译者序　／　正确思考的力量

思考就是哲学

"心之官则思",每个人每天都在思考。但思考有自觉和不自觉之分,有深刻和肤浅之分,有正确和错误之分。

思考是种子,行动是花朵,成败是果实。从这个意义上讲,思考是一切的起源。

参天大树原本只是沉睡的种子,翱翔天空的苍鹰早先只在卵中待机,世界上的一切伟业最初不过是伟人心中的一个梦想而已。

中国历史上没有"哲学"这个词语,据说这个词语从日本引进,而日语中的"哲学"又是从希腊语"philosophia"翻译而来的。被称为"近代哲学之父"的笛卡儿说:"我思,故我在。"据说西方有人对"哲学"的定义是:"对人的本质进行思考这种行为本身就是哲学。"提倡自由深入地思考,其结果之一就是促进了科学技术的迅猛发展。

经营哲学

在稻盛和夫先生之前，日本很少甚或没有人将"经营"和"哲学"两个词语联系在一起。而在中国，改革开放后虽然提倡"科学管理"，但是在很长时间内却没有"经营哲学"这样的说法。近年来，"经营哲学"这个词语在日本、中国开始流行，逐渐成为常用语。

但是早在 50 多年前，稻盛先生就开始思考经营和哲学的关系。

1956 年，稻盛在一家名叫"松风工业"的陶瓷企业打工，时年 24 岁。

当时日本三井物产有一位"大人物"吉田先生，他主要负责松风工业绝缘瓷瓶的出口业务。吉田常来公司调查。他发现该公司其他部门的员工意志消沉，唯有稻盛领导的"特磁科"士气高昂，干劲十足，吉田觉得不可思议。

凑巧的是，这位吉田先生和稻盛在鹿儿岛大学时的恩师内野教授是东京大学的同窗好友。内野在吉田面前曾经多次夸奖稻盛。吉田在调查结束时提出要约见稻盛和夫。

稻盛觉得吉田虽然是老前辈又是大人物，但很可亲，值得信任，同他交流是难得的机会，于是就将平时头脑里经常思考的松风工业经营上的事情，直率地、毫无保留地告诉吉田。切身经历加上深思熟虑，稻盛讲得既生动又具说服力，无论话题、措辞、内容还是其中包含的思想，都与稻盛当时的年龄、身份很不相称。吉田先生一声不响，神情专注，静听稻盛述说，最后大声说道："才二十几岁，年轻人，真不简单，你已经有了自己的 philosophy。"

稻盛当时不知道"philosophy"是什么意思，回到宿舍一翻辞典，"philosophy"就是"哲学"。那一瞬间，稻盛心中不由自主地一阵颤动。

吉田不愧为有见识的大人物，他一句话就点中了稻盛的本质特性，可以说，这句话催生了后来的"京瓷 philosophy"，即"稻盛哲学"。

"经营为什么需要哲学？"这就是几十年来稻盛经典演讲的主题之一。如果说泰勒首倡了"科学管理"，那么稻盛和夫首倡了"经营哲学"。我想这种说法符合事实。

正确思考

稻盛先生白手起家，40 年间创建了京瓷和 KDDI 两家世界 500 强企业。2010 年 2 月 1 日，78 岁高龄的稻盛先生在退休 13 年后再度出山，应日本政府邀请，出任破产重建的日航的会长。在万众瞩目之下，仅仅 10 个月，日航就大幅扭亏为盈，创造了日航历史上空前的 1580 亿日元的利润。然而，这一切不过是稻盛哲学的产物。或者说，这种不可思议的成功仅仅源于稻盛先生的正确思考。

稻盛先生是理工科出身，作为一名科学技术工作者，在新型精密陶瓷领域，他年轻时就有许多划时代的发明创造。稻盛先生具备科学家合理思考、追究事物真相的科学精神。

作为企业家，稻盛先生气势如虹又心细如发。他不但善于把握宏观形势，做出类似参与通信事业这样超乎常人的战略决策，而且在企业管理的所有细节上，通过贯彻"钱、物、票——对应""双重确认""玻璃般透明的经营"等方法，彻底把握经营的实态，把握事情的本质。稻盛先生创建了精致、缜密、实用的经营模式。如果你读过《稻盛和夫的实学：经营与会计》和《阿米巴经营》这两本书，你一定会对稻盛先生彻底的实事求是态度肃然起敬，并且能理解稻盛的企业 50 年持续盈利的秘诀。有如此作为的企业家，我闻所未闻。

为了进一步净化自己的心灵，在精神世界追求更高的境界，65 岁后，稻盛先生曾一度投入佛门，认真修行。稻盛先生并不停留在对佛教单纯的信仰上，结合自己丰富的人生实践，他还对佛教的精髓"六波罗蜜"，即布施、持戒、精进、忍辱、禅定、智慧，做出了积极的、深入浅出的解释，令人倍感亲切。

科学家、企业家、宗教家之外，我认为稻盛先生最本质的特色在于他是一位"彻底追求正确思考的哲学家"。人类有史以来涌现了不少卓越的思想家、哲学家。而哲学家同时又身兼科学家、企业家、宗教家，一身而数任的人，稻盛先生或许是独一无二、天下无双的。更可贵的是：稻盛先生不仅养成了深思熟虑的习惯，而且他是一位彻底地追求正确思考的哲学家。

人究竟应该怎样生活？企业家应该如何正确地经营企业？正确的人生观对个人、组织、人类具有何等重大的意义？提出如此重大命题的人意外地少。而不停地提出、思考、回答这些问题的，就是稻盛先生的哲学和实践。

稻盛哲学的原点是"把'作为人，何谓正确'当作判断一切事物的基准"。

稻盛哲学的核心用一个方程式表达就是：

$$人生 \cdot 工作结果 = \underset{-100 \sim 100}{思维方式} \times \underset{0 \sim 100}{热情} \times \underset{0 \sim 100}{能力}$$

如此鲜明简洁地提出如此重要的哲学观点，并一辈子切实实践的企业家，前无古人。

正确思考的威力

稻盛先生的青少年时代充满挫折甚至苦难。大学毕业后好不容易入职的企业却连续十年赤字，连工资也不能如期发放。为此，稻盛先生曾经怨天尤人。但当身为技术员的稻盛先生正确思考一名优秀的技术员应该如何开展研究工作，并全身心投入时，奇迹出现了。

稻盛被石蜡绊着、差点摔倒的一瞬间，他得到了精密陶瓷中划时代的新材料镁橄榄石合成方法的发明灵感；当他看到高温炉中板状陶瓷零件像鱿鱼般翘曲时，突然产生用手从上面压住的冲动，从而获得灵感，干脆利落地解决了重大的技术难题……

稻盛 27 岁创业，因为不知如何正确经营企业而苦恼时，他又获得了灵感，确立了在经营中判断一切事物的基准——作为人，何谓正确。

京瓷初创时的 28 名员工中，20 多名是高中学历，稻盛自己也只是一所地方大学的毕业生。为了回答"能力平凡的人怎样才能取得不平凡的成功"，稻盛想出了上述精彩的人生方程式。

在处理 11 名高中学历员工集体辞职的事件时，稻盛毅然放弃了"技术问世"的创业目的，"在追求全体员工物质和精神两方面幸福的同时，为人类社会的进步发展做出贡献"这一伟大的公司理念诞生了。

京瓷发展壮大，稻盛先生忙得不可开交时，他又从孙悟空拔毛吹出分身的故事中获得了灵感，创造了"阿米巴经营"模式，实现了真正的全员经营，奠定了京瓷、KDDI 稳步快速发展的基础。

孙正义创建的软银集团也是世界 500 强企业。孙正义曾是稻盛创办的"盛和塾"的塾生。最近在拜访稻盛先生时，孙正义说："如果没有稻盛先生'敬天爱人'的思想和阿米巴经营方式，就没有软银的今天。"

"盛和塾"现在已有 15000 名企业家塾生，他们学习并实践稻盛先生正确的经营思想，大部分企业都有了不同程度的进步，其中近百家企业已经成功上市。

神的智慧

稻盛先生于 2010 年 2 月 1 日正式出任日航会长，而在此前的 1 月 19 日，日航公开宣告破产。这一天，稻盛按预定日程乘坐日航的航班飞往夏威夷参加盛和塾的开塾仪式。在大阪关西机场，稻盛对前来送行的日航关西支店长山口先生说："我是为了日航的员工才到日航来的。"又说："日航的干部要一天

24 小时思考日航的经营问题。"这两句话深深地刻入了山口先生的心中。

稻盛先生强调："在高尚的思想里蕴藏着巨大的力量。"为什么呢？

思考是人的显意识在发挥作用。但如果你怀抱善念，针对某一难题，朝思暮想、左思右想、前思后想、苦思冥想，一天24小时思考，反复地、深入地、强烈地思考，这样，你的愿望会渗入潜意识。在不经意间，潜意识会突然给你灵感，让你心中一亮，立即抓住事物的核心，问题顷刻间迎刃而解。

稻盛先生把这种灵感称为"神的智慧"。回顾发明镁橄榄石合成方法的过程，稻盛先生说："当时在我头脑里闪过的这种灵感，并非出于我个人的实力，在我偶然绊上石蜡的一刹那，是'神'给了我启示，让我产生灵感的闪光。"

稻盛先生说："如果不是这样，就无法说明为什么能力平平，缺乏知识、技术、经验、设备的我，竟然能够做出世界一流的发明创造。"

宇宙之心

根据宇宙物理学最权威的"大爆炸"理论，广袤浩瀚的宇宙原本只是一小撮高温高压的基本粒子的团块。经"大爆炸"产生的质子、中子、介子组成原子核，再与电子结合构成原子，原子结合形成分子，分子组成高分子，从中产生DNA，从而孕育出生命体，生命从低级进化到高级，最终出现人类。宇宙为什么在演化过程中一刻也不肯停顿呢？这绝非偶然。不妨设想存在着"宇宙的意志"或"宇宙之心"，它促使森罗万象一切事物向好的方向发展。稻盛先生强调，如果我们的想法与"宇宙的意志"同调，我们的事业一定会繁荣昌盛，反之，即使一时成功，最终必然衰落乃至灭亡。个人如此，企业如此，国家如此，整个人类亦如此。

稻盛和夫经营哲学是稻盛先生十几年甚至几十年思考和实践的产物，是正确做人做事的最高智慧，其中妙语如珠，格言箴言接二连三。其中每一篇都足以引发我们深思，如果它溶入我们的血液，我们的事业一定繁盛不衰，我们的人生一定幸福美满。

曹岫云

稻盛和夫（北京）管理顾问有限公司董事长

第一章 ／ 经营为什么需要哲学（一）

我是刚才承蒙主持人介绍的稻盛和夫。

今天我讲的题目是"经营为什么需要哲学"。首先请允许我做一下自我介绍。[1]

稻盛哲学的孕育

创业历程

我 1932 年出生于日本西南部的鹿儿岛，大学的专业是无机化学。毕业后就职于日本古都京都的一家陶瓷瓶制造公司，当一名技术员。后来在几位友人的支持下，于 1959 年，也就是在我 27 岁的时候，在京都创立了一家生产新型精密陶瓷的"京都陶瓷"公司。

---

[1] 本章由稻盛和夫先生于 2009 年在北京大学国际 MBA 学院（现更名为国家发展研究院）的演讲汇编而成。

虽然是白手起家，但我开发的新型陶瓷材料深受业界欢迎，京瓷也努力将这种材料应用于各个领域。

创业以来，京瓷充分利用精密陶瓷的特性，开发了各色各样的产品，从各种精密陶瓷元器件到太阳能电池、医用材料，以及手机、打印机、复印机等终端产品，京瓷已经成长为日本代表性的制造型企业之一。

在中国，京瓷已在上海、东莞市石龙镇以及天津建立了制造基地，生产电子零部件、打印机、复印机和太阳能电池。

另外，在日本，还有一家同样也是由我创办的 KDDI 公司，京瓷是其第一大股东，KDDI 从事长途电话和移动通信业务。

KDDI 公司在通信行业的新准入企业中位居首位，现在已成为日本国内第二大通信运营商。

除此之外，京瓷还有宾馆以及从事电脑系统服务等的企业群。从材料到零部件、元器件，从机器设备制造到通信、服务，像这样业务涉及整条产业链、业务领域又如此广泛的企业，我想在全球也是极为罕见的。

这些由我创建的企业集团，2009 年第一季度的销售额达到约

4.6 万亿日元，税前利润约 5000 亿日元。

在日本中小、中坚企业之中，有很多经营者想要学习我的经营思想。因此，从 1983 年起我就义务传授我的经营哲学，并以"盛和塾"这种经营塾的形式在全国展开。

"盛和塾"以日本国内为主，现在在全世界已经发展到 57 家，塾生超过了 5500 名。[1] 另外，我也受到了邀请，在中国无锡开设了"盛和塾"。[2]

世界经济发展趋势

我经常有机会访问中国，每次访问都发现中国经济正在以惊人的速度发展，充满活力，让我大为惊叹。

如此高速发展的中国，使我回想起经历了第二次世界大战（后文简称"二战"）的日本，克服了战后的贫穷和混乱，全休国

---

[1] 至 2019 年年底，"盛和塾"已发展到 104 个分塾；除日本外，美国、巴西、中国、韩国相继成立了分塾，塾生总数已超过 15000 名。——编者注
[2] 自 2007 年至今，中国 29 个地区盛和塾（未统计台湾地区数据）以及 5 家筹备处先后成立。截至 2019 年 12 月，长期在盛和塾平台学习的会员已达 8000 多人。——编者注

民团结一心朝着经济高速发展的方向勇往直前的景象。

"二战"后的日本，在自由竞争中出现了许多企业，它们互相切磋琢磨，促进了经济的发展；每一个国民都满怀对富裕生活的渴望，拼命工作。结果，在"二战"后仅用了短短20年的时间，就把日本建成了世界上为数不多的工业大国。

虽然日本国民获得了物质上的富裕，但在经济高速成长的过程中，许多日本企业只顾追求自身的利益，无视国民生活和地球环境，因而给社会带来了很大的弊病。

公害问题就是其中之一。战后20年时，产业活动所引起的公害问题开始浮现。忽视自然环境，只顾追求企业利益的产业活动，使山清水秀的日本列岛变成了污滩。河川和大海被污染，连鱼虾都无法栖身，工厂周围的上空，被工业废气所笼罩。

公害问题一时成了威胁日本国民生存的社会问题，通过官民的共同努力，终于得到了有效的改善。

然而，片面追求自身利益的社会风气，不仅没有得到遏制，反而日益膨胀。国民渴望富裕的欲望没有止境，人们一味追逐个人的私利。结果，经营者和国民染上了不劳而获、少劳多获的庸俗习气，片面追求物质富裕的欲望导致了精神上的贫困。

正是这样的世风才产生了 20 世纪 80 年代后期的"泡沫经济"。在这样的风潮中，不仅经营者，就连普通市民，也热衷于对股票和房地产的投资，看着自己的资产不断膨胀而得意忘形，甚至有人还傲慢地说，日本人的资产足以买下整个美国国土。

这样的狂妄和贪婪不断蔓延，最后以经济界人士、政治家、官僚等相继贪污及传出其他丑闻等形式一举爆发了出来。

然而，泡沫经济不可能一直持续下去，理所当然地破灭了。结果，日本经济走向了另一个极端：陷入了通货紧缩。此后就是所谓"失去的十年"，日本陷入了长期萧条的痛苦之中。

另外，从 2008 年开始，由美国次贷问题引发的金融危机的风暴席卷了全世界，金融市场一片混乱。这场危机深刻地影响了实体经济，带来了全球性的经济萧条。

发端于美国金融危机的全球性经济大萧条，直接原因似乎是金融衍生产品使用过了头。但我认为，它的根本原因是：人们为了满足自己的欲望不择手段地追求利益的最大化。这是失控的资本主义本身的问题。

然而，初始的资本主义，并不只是将人类的欲望作为动力的。

回顾历史可以发现，资本主义诞生于基督教社会，特别是伦理道德严格的新教社会。也就是说，初期资本主义的推进者们都是虔诚的新教徒。

德国著名社会科学家马克斯·韦伯认为，他们贯彻基督所提倡的"邻人爱"，尊崇劳动，生活尽量俭朴，他们的基本信条是将产业活动所获得的利润用于社会发展。

同时，企业必须以任何人看来都是正确的、光明正大的方法去追求利润，而其最终目的就是为社会福利做贡献。就是说"为社会，为世人"才是那些新教徒的，也就是初期资本主义的伦理规范。

在距今约 300 年以前，商业资本主义开始萌芽的江户时代中期，日本出现了一位名叫石田梅岩的思想家。

他认为"在商业活动中追求利润并不是罪恶，但行商必须正直，决不可欺诈，决不能有卑劣的行为"，他强调行商中伦理道德的重要性。另外，他还说，经商必须做到"人我双赢"。

就是说，在日本资本主义的萌芽期，"企业应该追求社会正义，企业人应具有高尚的伦理观"这个基本思想是相当普及的。

如此看来，无论是在欧美还是在日本，初期的资本主义被理解为一个"为社会做好事的系统"。其推进者们力求通过经济活动实现社会正义，为人类社会的进步与发展做出贡献。正因为有这样的社会伦理观，资本主义经济才得到了飞速的发展。

然而，具有讽刺意味的是，曾经作为资本主义发展原动力的伦理观，随着资本主义经济的发展反而逐渐淡漠。不知从何时起，许多企业的经营目的和经营者的人生目标逐渐堕落为"只要对自己有利就行"的利己主义。制约人内心的伦理规范的丧失，导致一度先进的资本主义社会趋向堕落。

尤其是日本，因为缺乏像欧美各国那样的基督教的社会背景，"二战"以后，人们一味追求经济上的富裕，而对道德、伦理以及社会正义的重视程度急剧下降。人们虽然获得了经济上的富裕，但是社会却偏离了资本主义的本意，陷入颓废。

资本主义的本意绝不是只要赚钱就可以为所欲为。只有具备了严格的精神规范，资本主义才有可能正常地发挥它的功能。

特别是在经济界，推动社会经济发展的经营者必须重新认识伦理道德的重要性，确立在任何人看来都普遍正确的经营哲学，并以此严格自律。

追求共同幸福的哲学

观察中国的情况，中国在坚持社会主义制度的前提下，引进市场经济的模式，实现了经济的高速增长。中国经济的繁荣举世瞩目。

如今理想中的"中国梦"在商业、制造业等领域也层出不穷。谁都有成功的机会。受到周围实际成功者的刺激，"自己也要成功"，抱有这种进取心的人正在中国大量涌现。人民的热情、人民的能量正在推动中国蓬勃发展。

不只为自己，也为社会追求利润

如果今后贵国国民能继续维持这种高涨的热情，贵国的经济能以现有的速度持续发展，那么我认为在不久的将来，中国一定能成为世界上屈指可数的经济大国。为此，我希望中国的经营者们，不仅应该学习欧美各国和日本最新的经营技巧，还要学习"不只为自己，也为社会追求利润"这样一种基本的经营哲学思想。

如果做不到这一点，就会重蹈日本和欧美等发达国家的覆辙，经济就无法得到持续、健康的发展。

同时，国家应该通过倡导这种高尚的哲学，使正义、公平、公正的观念渗透到整个社会，在全体国民中提倡"谦虚""关爱"等重要的意识。如果能做到这一点，那么，中国将成为更加富裕、更加美好的国家，全体国民都能切实地感受到幸福。

这种哲学和思维方式对集体及组织的发展意义重大。这一点，我在自己的人生道路上有着深切的体验。下面我就将这种体验告诉大家。

作为人，何谓正确

我在27岁时创立了京瓷。那么年轻自然没有经营的经验，同时因为是技术出身，所以我对经济知识和企业会计更是一窍不通。然而，既然当了经营者，既然开展了事业，就必须对接踵而来的各种问题做出判断。

虽说是一个只有28名员工的小公司，但是"这件事怎么办""那件事如何做"，许多事情都需要我做出决策。虽然没有经营知识和经验，但作为经营者，我必须对部下提出的各种问题做出判断。然而，对于应该以什么作为判断的基准，我感到非常苦恼。

当时，公司非常弱小，只要自己的判断出现一次失误，公司就有可能一蹶不振。一想到这里，我就因担心而夜不能寐。左思右想，烦恼之余，我得出了如下的结论。

既然自己对经营一无所知，不如就把"作为人，何谓正确"作为判断基准吧。

也就是说，我把"作为人是正确的还是不正确的、是善的还是恶的"作为经营的判断基准。

"正还是邪""善还是恶"，这是最基本的道德。而且从中引申出来的正义、公正、公平、勤奋、谦虚、正直、博爱等，这些都是从孩童时代起，父母、老师教导我们的最朴实的伦理观。

如果将这些伦理规范作为判断事物的基准，我觉得自己能够理解，能够掌握。于是，我就将"作为人，何谓正确"作为判断基准，来处理京瓷经营中的各种问题。

现在回想起来，我深深地体会到，正是依靠这样一个最基本的伦理观和道德观来开展经营，京瓷才能获得如今的成功。

为什么呢？因为这种思想不是出于经营者的私利私欲，因此能够获取员工的共鸣；员工们从内心理解并接受，所以创业之初，公司规模很小，也不知道公司明天会怎样，即使在这种情况下，员工们也能够为了公司的发展而自觉地、不遗余力地拼命工作。

而且，在公司发展壮大之后，依然如此。

无论是进军海外，还是涉足不同的行业领域，甚至是收购企业，京瓷都树立了这种普遍正确的经营哲学，遍布全球的所有京瓷工厂和事务所的员工们都共有这种哲学，并在他们各自的工作岗位上实践这种哲学。

很多人评论京瓷之所以成功，是因为京瓷有先进的技术，是因为京瓷赶上了潮流。但我认为绝非如此。我认为京瓷之所以成功，是因为京瓷经营判断的基准不是"作为京瓷，何谓正确"，更不是"作为经营者的我个人，何谓正确"，而是"作为人，何谓正确"。因而它具备了普遍性，就能够为全体员工所共有。我认为京瓷成功的原因就在于此，除此之外，没有别的原因。

人生方程式

为了便于理解这种"思维方式"或哲学的重要性,我想出了一个"人生方程式"。下面我就给大家介绍这个方程式。

$$人生 \cdot 工作结果 = 思维方式 \times 热情 \times 能力$$

长期以来,我自己就是根据这个方程式做事的,并且觉得只有用这个方程式才能解释自己的人生和京瓷公司的发展。

我出生在一个普通的家庭,家境不富裕。初中和大学的入学考试,以及后来的就职考试都曾屡遭失败。

有没有一种好办法,能够让像我这样屡遭挫折,并且只具备中等才智的人,也可以做出非凡的成绩呢?经过反复思考,我最后得出的就是这个方程式。

影响人生结果或者工作成果的是该方程式中的"思维方式""热情"和"能力"三个要素,其中"能力"也许是先天性的,包括从父母那里得到的智力、运动神经以及健康等。

可以称为天赋的这个"能力",每个人都不同,如果用分数来表示的话,可以计为从 0 到 100 分。

"能力"要乘以"热情"。这个"热情"也可以被称为"努力"。"努力"的程度也因人而异。从没有干劲、没有雄心、没有活力的懒汉，到对工作和人生充满燃烧般的热情、拼命努力的模范，其努力程度也可以从 0 到 100 来打分。

不过，这个"热情"与"能力"不同，它不是先天的，是可以由自己的意志来决定的。因此，我总是持续地、最大限度地发挥"热情"这个要素，从创建京瓷开始一直到今天，始终坚持付出"不亚于任何人的努力"。

这个"不亚于任何人的努力"非常重要。很多人都认为自己已经尽力了，但在企业界，当竞争对手比我们更努力时，我们的努力就不奏效，我们就难免失败和衰退。所以普通程度的努力没有意义，必须付出"不亚于任何人的努力"，否则就无法在严酷的竞争中立足。

而且这种努力不是一时的，必须是持续不断、永无止境的。周围人总劝我说"你这么干，总有一天会倒下"，但是我从创业以来，一直不分昼夜、全身心地投入工作。

如果拿马拉松作比喻，就好比把 42.195 公里的路程，按照短跑的方式全力跑完一样。这样的事情谁都认为不可能，但我们京瓷却自始至终全速前进。尽管在陶瓷领域我们属于后起的企业，但不知不觉中，那些有历史的、先行起跑的企业进入了我们的视野，我们一口气超越了它们。现在京瓷已经成长为全球首屈一指的精密陶瓷制造商。这就是"热情"，也就是"努力"所带来的成果。

这里的"能力"和"热情"我们用分数来表示。

比如说，某人很健康、很聪明，"能力"可打 90 分，但是，这个有 90 分能力的人过分自信而不肯努力，其"热情"只有 30 分。于是，90 分的能力乘上 30 分的热情，该人的分数只有 2700 分。

另一个人认为"自己只略胜于普通人，能力只不过 60 分左右，但正因为没有突出的才能，所以才必须拼命努力"，于是他激励自己发奋努力，其"热情"为 90 分。60 乘上 90 则是 5400 分，这比前面那位有能力的懒人的 2700 分要高出一倍。

就是说，即使是只具备普通能力的人，只要付出持续不懈的努力，就一定可以弥补自身能力的不足，进而取得很大的成果。

同时，这个方程式最重要的是在上述"能力"和"热情"的乘积之上，再要乘以"思维方式"这一要素。而且刚才说的"能力"和"热情"是从 0 到 100 分，而"思维方式"则从坏到好，有从负 100 分到正 100 分这么大的幅度。

例如，不辞辛劳、愿为他人的幸福而拼命工作，这样的"思维方式"就是正值；相反，愤世嫉俗、怨天尤人、否定真挚的人生态度，这样的"思维方式"就是负值。

因为三要素是相乘的关系，如果持有正面的"思维方式"，人生和工作的结果就是一个更大的正值；相反，如果持有负面的"思维方式"，哪怕只有少许，三者相乘的结果不仅一下子变成了负值，而且能力越强、热情越大，其人生和工作的结果反而越发糟糕。

用刚才的例子来讲，那位有 60 分的"能力"和 90 分的"热情"的人，如果持有作为人的正确的"思维方式"，并达到90 分，那么，60×90×90 等于 48.6 万分，人生和工作的结果达到了非常优异的高分。

相反，"能力"和"热情"的分数与上述相同，但持有哪怕只是少许的负面的"思维方式"，比如某人的"思维方式"只是负 1 分，那么人生和工作的结果一下子就转为负 5400 分。再比如，有人持有非常恶劣的反社会的"思维方式"，达到负90 分，那么最终的乘积就是负 48.6 万分，这会给他的人生和工作带来极为悲惨的结果。

实际上，任何国家、任何社会都有这样的经营者，他们才华出众、热情洋溢，创建并发展了企业，获得了巨额财富。但因为他们逐渐变得旁若无人、一意孤行，因而受到社会的制裁，转眼间就从舞台上消失了。这种人的失败原因就在于"思维方式"成了负值。

那么，必须具备怎样的"思维方式"呢？前面已经谈了一些，在这里，我再列举一些我认为正面的"思维方式"。

积极向上，具有建设性；擅长与人共事，有协调性；性格开朗，对事物持肯定态度；充满善意；能同情他人、宽厚待人；诚实、正直；谦虚谨慎；勤奋努力；不自私，无贪欲；有感恩心，懂得知足；能克制自己的欲望，等等。

正面的思维方式包含上述这些内容。那么，负面的思维方式又指哪些呢？就是与上述正面思维方式相反的内容。在这里我也一并列举出来。

态度消极、否定，缺乏协调性；阴郁、充满恶意，心术不正，想陷害他人；不认真、爱撒谎、傲慢、懒惰；自私、贪心、爱发牢骚；憎恨别人、妒忌别人，等等，这些都是负面的思维方式。

自己的思维方式究竟是正还是负、其数值是高还是低，是左右方程式结果的关键。

我想出这个方程式以后，就经常把它展示给员工，向他们说明"思维方式是何等重要，思维方式决定人生和工作的结果"。同时，我也时刻鞭策自己，力求使方程式的数值最大化。

"京瓷哲学"的精髓

我就是这样，把"作为人，何谓正确"作为判断基准，"将正确的事情以正确的方式贯彻到底"，在这个基本思想的指引下，再把日常工作中一点一滴的感悟随时记录在笔记本上。

不知不觉中，笔记本就写满了，我把其中的内容归纳为"京瓷哲学"，将它作为自己的行为准则，同时作为企业哲学，努力让员工们共有。在这里，我介绍一下"京瓷哲学"中的一部分内容。

脚踏实地，坚持不懈

拥有远大的理想和愿望固然重要，但即使制定了宏伟的目标，日常工作中仍然要做看似平凡简单的事情。因此，有时会感到烦恼，觉得"自己的理想与现实之间差距太大"。

但是，无论在哪个领域，要想取得卓越的成就，不可或缺的就是不断地改良和改善、进行基础性实验并收集数据、迈开双脚跑客户及接订单等，日复一日，锲而不舍，一步一步地付出努力。

人生亦如此。在人生的旅途中，没有喷气式飞机可以载着你轻松地抵达目的地，只能像尺蠖一样，一步一步地不断前行。

但我们还是会觉得自己描绘的目标离现实太远。"每天孜孜不倦地做这样琐碎的工作，什么时候才是尽头！这样做下去，梦想能成真吗？"我们常为此焦躁不安。

实际上我也常有这样的烦恼：想把公司经营得更出色，但现在的工作、眼前遇到的问题，必须一件一件处理，每天重复平凡的工作，这样周而复始，公司能做大吗？

但是，我在实践中领悟到企业经营不能靠经营者单枪匹马，必须与员工们共同努力。一个人能做的事很有限，需要与许多志同道合的人团结一致、脚踏实地、持续努力，才能成就伟大的事业。

为了让部下拥有与自己一致的想法，我利用各种场合与他们交流沟通，努力构建一个有共同理想、有统一方向的团体，将全员的力量凝聚起来，做好每一天的工作。正因为造就了这样一个共同奋斗的团队，京瓷才有今天的成就。

为了使踏实的努力更有成效，我又想到一种方法，那就是"钻研创新"。

钻研创新

钻研创新，听起来似乎很难。但是，明天胜过今天、后天胜过明天，不断地进行改良和改善，不是简单地重复相同的事情，而是今天用这种方法试试，明天用更有效的方法试试。即便是平凡简单的作业，只要不断地钻研创新，也会取得飞跃性的进步。

京瓷从零部件生产企业起步，如今已能制造手机和复印机等终端产品，在广泛的领域拥有尖端的技术。开发制造这些机器设备所需的各领域的技术，京瓷最初并不具备。即使在精密陶瓷方面，创业之初的京瓷也不具备高水平的技术。

在创业至今的半个多世纪里，全体员工在各自的岗位上钻研创新、精益求精、日积月累，这样的努力才是现今的京瓷在广泛领域拥有尖端技术的源泉。

例如，京瓷在创业之初生产电视机显像管的绝缘材料——U 字型绝缘体，为松下集团供货。当时的松下从荷兰的飞利浦公司引进技术，开始生产显像管，其核心零件就是我开发的 U 字型绝缘体。

因为显像管的电子枪要通过高压电流，所以具有高绝缘性能的 U 字型绝缘体成了电视机的核心部件。这一产品也奠定了京瓷发展的基础。

但就在 U 字型绝缘体供不应求、盈利丰厚的时期，我已把目光转向正在崛起的电子工业领域，开始了各种新产品的研发，其中还包括研发 U 字型绝缘体的替代产品。

实际上在不久之后，U 字型绝缘体就被淘汰了，订单全部转向新开发的替代产品。当时如果缺乏创新精神，不及时开发新产品，因盈利丰厚而满足于单品生产，京瓷可能在创业不久时就陷入进退维谷的困境。

我还继续追求陶瓷所具有的一切可能性，我相信"陶瓷的应用不会局限于电子工业领域"，所以积极探索精密陶瓷在其他领域的应用。

例如，陶瓷耐高温，其硬度仅次于钻石，不易磨损，那么在快速磨损的地方就适合使用。在某处一定有企业在寻找耐磨的零件。抱着这样的想法，我四处奔走。当时纺织行业尼龙化纤刚刚登场，尼龙非常坚韧，在织造过程中尼龙线高速穿行，与尼龙线接触部位的金属极易磨损，金属零件不适用，这成为一个问题。

我想，如果用陶瓷零件取代金属，这个问题或许能够解决。于是着手开发。就这样，之后的纺织机械中采用了许多陶瓷零件。这次的成功使我备受鼓舞，"有没有其他地方也可以用到陶瓷呢？"我更积极地奔走探索。

终于在开拓美国市场的时候，我遇上了晶体管，承接了用陶瓷来生产一种叫作"标头"的零部件的业务。虽然需要很高的技术，但京瓷最终还是成功地开发出了这一产品，并一度包揽了全球晶体管标头的生产制造业务。

之后不久，晶体管又被 IC 所取代，而那时京瓷早已开发出了陶瓷 IC 封装。伴随着尔后半导体行业的飞速发展，陶瓷 IC 封装使京瓷获得了飞跃性的发展。

对于这种技术的变迁，我并没预见，只是不满足于现状，对任何事物都想钻研创新，敢于向新领域发起挑战，这才造就了现今的京瓷。不断地钻研创新、不断从事创造性的工作，这才是发展事业最基本的手段。

在各位之中，有人或许认为继续现在的工作没有发展的希望，想从事新的工作，但由于缺乏人才、技术和资金，又只能半途而废。这是不对的，只有在现在的工作中不断地钻研创新，彻底地追求新的可能性，才能取得卓越的发展。

决不能漫不经心地重复与昨天相同的作业，在每天的工作中时刻思考"这样做是否可行"以及"为什么这样做"，今天胜过昨天、明天胜过今天，持续不断地对工作进行改善改良，最终一定能取得出色的成就。

不懈地、踏实地努力，加上每天钻研创新、持续改良改善，这个方法不仅能够提升技术实力，还能使中小零细企业成长为大型企业。说这个方法是唯一有效的方法也不过分。我想，京瓷的发展就证明了这是真理。

玻璃般透明的经营

自京瓷创业以来，我一直注重"以心为本的经营"，为了建立与员工的信赖关系，经营必须"透明"。

也就是说，现在有多少订单、比计划落后多少、利润是多少、这些利润是如何使用的、现在公司的处境怎样等问题不仅要向干部公开，而且要向基层员工公开，开展"玻璃般透明的经营"。

为此，根据公司所处的环境，领导者在思考什么、想达到何种目标，这些都要准确地传达给员工，这一点至关重要。公司的现状、遭遇的问题、努力的方向等，要准确地传达给员工，以此统一员工的方向，凝聚员工的力量，实现既定的目标，克服前进中的困难。

另外还有一点，开展"玻璃般透明的经营"，关键就是领导者必须以身作则，带头保持光明正大的工作作风，绝不允许经营高层挪用公款和用公款随意招待。如果发生了此类事情，那必然会招致员工的反感，道德的崩溃会像野火一样，转瞬蔓延到整个组织，甚至动摇整个企业的根基。

为了防止这些现象的发生，京瓷哲学里还有"光明正大地追求利润""贯彻公平竞争的精神""注重公私分明"等条文，这些都是企业经营中规定的原则。作为经营者，我自身严格遵守这些简洁的原则，同时努力让全体员工遵循。

如果没有这种哲学，情况会怎样呢？

如果经营者没有明确的哲学，在经营中只会片面追求合理性和效率，则企业只会片面追求利润，同时，企业内会逐渐酿成一种"只要赚钱就行"的坏风气，就会出现用不正当的手段赚钱的管理者和员工。

这种不正当的行为哪怕只有一丝一毫，倘若听之任之，公司的道德将会很快堕落。而在充满堕落气氛的组织里，正直的人也会失去认真工作的积极性，公司的风气将急剧地败坏，业绩也会随之恶化。

实际上，快速发展的企业瞬间破产的事例，在日本、在中国、在欧美，都数不胜数。

我相信"人之初，性本善"，但是，人又是很脆弱的，很容易败给自身的私欲，败给周围的环境。追求虚荣，在不知不觉中若无其事地干起违背人道的勾当，这也是事实。

正因为如此，我反复强调，人在感觉迷惑的时候，需要一个判断的基准，就是哲学。特别是对于雇用很多员工、肩负重任的经营者来说，必须抱有以高度伦理观为基础的经营哲学，在严以律己的同时，教育员工接受并共同实践这种哲学。

为使事业取得成功，为使组织正确地发挥职能，领导者自身所持有的思维方式最为重要。经营者以普遍正确的思维方式和高尚的经营哲学来经营企业，这一点在持续地拓展事业、保持企业繁荣的进程中，是最重要的。

京瓷之所以成功，就像刚才我所介绍的，是因为京瓷有一套明确的经营哲学，而且不仅仅停留在纸面上，包括我在内的所有员工都真挚地、一丝不苟地、不断地实践这种哲学。我确信这才是京瓷成功的原因。

然而，追根溯源，这些道理是自古以来从中国受到的教诲，是我们在与中国长期友好往来中学到的。

比如，中国有"德胜才者，君子也；才胜德者，小人也"这样一句经典格言，这是强调"德"的重要性的格言；"积善之家有余庆"是强调做善事的重要性的格言；"满招损，谦受益"是强调谦虚的重要性的格言。这类经典的格言不胜枚举。

正是这些格言昭示了作为人应该走的正道，是我们在日常生活中、在事业经营中，必须重视的道理。遵循这些道理，依据作为人的正确的"思维方式"行事，就能获得成功。反之，就不能成功，更谈不上取得长期持久的成功了。

然而，如开头所言，这些重要的道理，在现在的日本已经被淡忘了。比如只获得小小的成功，就陶醉起来，不再谦虚，变得傲慢不逊、得意忘形、为所欲为，其结果，就是丧失了好不容易得来的成功。这样的经营者层出不穷。

这种现象并不只在日本一个国家发生，这是富裕的发达国家共有的弊病。也许在中国，也出现了同样的问题。

希望今天在座的各位能重新认识哲学和"思维方式"在企业经营过程中的重要性，在此基础上，最大限度地提升"热情"，持续地付出"不亚于任何人的努力"，同时，将自身具备的"能力"百分之百地发挥出来，这样就能把企业经营得有声有色。

这样做，不仅能够取得事业的成功，而且能将成功长期保持下去，进而为整个中国经济的发展做出更大的贡献。

从我个人粗浅的经验出发，以"经营为什么需要哲学"为题，讲了上面这些话。诸位企业家聚集在北京大学国际 MBA 学院，对未来中国的发展担负重任。希望我今天的讲话对大家有所启示。

我的演讲到此结束。谢谢诸位聆听。

第二章 ／

经营为什么需要哲学（二）

为什么重提经营需要哲学

我是承蒙主持人介绍的稻盛。有这么多人来参加稻盛和夫（北京）经营哲学报告会，请允许我表示诚挚的感谢。[1]

这次会议有许多日本以及中国无锡的"盛和塾"塾生赶来参加，同时还有稻盛和夫（北京）管理顾问有限公司组织的稻盛和夫经营研究中心的成员参加。

新成员中大部分人是第一次听我讲演，所以，我想就企业经营中最基本的问题，就是经营哲学的必要性谈谈我的看法，讲演题目就叫"经营为什么需要哲学"。

在座日本塾生中有人参加过此前"盛和塾"在夏威夷的开塾仪式，听过我类似的讲话。但这个话题在企业经营中非常重要，希望再次倾听以便加深理解。

---

[1] 本章由稻盛和夫先生于 2010 年在稻盛和夫（北京）经营哲学报告会的演讲汇编而成。

京瓷公司的"哲学"

我 27 岁时，在几位朋友的援助下创立了京瓷公司。公司创业之初生产的产品是电视机显像管里用的绝缘零件，这是用我在此前工作过的松风工业——一家制造电力绝缘瓷瓶的企业开发的精密陶瓷材料制作的产品。

当时我还很年轻，刚从大学毕业不久，在松风工业负责从产品的研究开发、生产制造到销售的一系列工作。就是说，不仅仅是研究新材料，从使用这种材料开发产品到制定生产工艺、设计生产设备，从日常的生产活动到与客户打交道的营业活动，有关这个产品的工作几乎全部由我承担。

但是，就公司经营而言，我没有任何经验和知识。因此，在京瓷公司成立之初，筹措 300 万日元的资本金，为购置设备等从银行借贷 1000 万日元等事情，即创建公司的准备工作应该如何进行，我都不懂。同时，从创业第一个月开始，虽然只有 28 名员工，但需支付他们的工资奖金，资金周转应该如何运作，我也摸不着头脑。

当时，产品唯一的客户是松下集团，我忙于交货，忙于收取货款，努力工作，但作为经营者，到底应该怎样经营企业，从一开始，这个问题就令我烦恼不安。"经营企业到底该怎么办才好？"从理念到方法，我每天都认真思考。这个过程孕育出我的经营哲学的原型。

其实，时时从根本上思考事物应有的理想状态，这种思考习惯，我从松风工业时期就开始了。松风工业连续亏本，到发工资时付不出工资，常常要拖延一星期甚至两星期，奖金就更谈不上了。企业与工会[1]总是纷争不断，公司内一年到头罢工不停。情况非常糟糕。

我想离开这个公司却不能如意。公司分配给我的工作是开发精密陶瓷材料，我不得不投身这项研究。工资待遇低、缺乏像样的研究设备、条件恶劣……在这种情况下，要想做出出色的研究成果，该抱一种怎样的心态来投入工作？这个问题，我每天都在思考，实在烦恼不已。

从那时起，关于"为了做好工作，必须有这样的思维方式，必须抱这样的心态"，每当我有所感悟时，我就把自己的想法记在研究实验用的笔记本上。

当我开始经营京瓷公司的时候，我常常把记录了我工作要诀的笔记本拿出来，添加我在经营中新的体悟，将这些工作和经营

---

[1] 本书提到的日本企业中的工会组织，跟国内企业的工会性质是不同的。——编者注

中的要点重新整理，这就是所谓"哲学"。

就是说，我自己投身于工作，埋头于经营。在实践中，"究竟该怎么做，工作和经营才能顺利进展？"我烦恼，我思索。在这一过程中，终于领悟了有关工作和经营的理念、思维方式以及具体的方法模式，归纳起来就是"哲学"。

将"哲学"共有

这种"哲学"我不仅亲身实践，而且认真地给员工们讲解。但是，在将这种经营的哲学灌输给员工、让整个团队共同拥有的时候，往往会受到抵制，有的人说，拥有什么思维方式、哲学，难道不是个人的自由吗？

但是，企业这样的集团，为了其中的员工们的幸福，需要树立高目标，需要不断发展成长，这就要求有正确的哲学、正确的思维方式作为共同的基准，在此基础上把全体员工的力量凝聚起来。

特别是领导众多员工的公司管理者，必须是充分理解公司的思维方式、内心与公司的哲学产生共鸣的人。"那样的哲学同我的想法不合，我无法接受。"如果有的管理者这样想，公司的力量就无法聚集起来。

当然，不光管理者，一般员工也要与公司一条心，一起朝相同方向努力奋斗。为此，他们必须加深理解公司的哲学、思维方式，大家共同拥有这种哲学。

但是，前面提到，这样强调，一定会有人表示抵触。尽管如此，大家首先必须明白一个道理：企业是一个集团，为了实现高目标，大家在工作中必须配合协调，不管个人好恶，全体人员都需要拥有共同的思维方式，需要理解并赞同这样的思维方式，这是做好工作、实现企业目标的前提。

"将企业哲学强加于人，我很讨厌。"对于持这种观点的人，应该很明确地告诉他："你抱这种观点，我们就无法在这个公司共事。你既然讨厌我们用这种哲学来经营企业，那么你应该辞职，去找一家适合你想法的公司。"

不理解、不赞同公司的哲学，而表面上又装出理解赞同的样子，彼此都不愉快，既然如此，你就应该去与你的思想哲学一致的企业。我认为这一点必须明确，没有任何妥协的余地。

经营需要哲学的原因

那么，经营为什么需要哲学呢？我认为以下三个理由可以说明在经营企业时，经营哲学不可或缺。

经营公司的规范、规则必须明确

第一个理由，所谓哲学，首先是经营公司的规范、规则，或者说是必须遵守的事项。经营公司无论如何都必须有全体员工共同遵守的规范、规则或事项，这些作为"哲学"，必须在企业内部明晰地确定下来。

但是，事实上，这种规范、规则，或者说必须遵守的事项并不明确的企业比比皆是。就是这个原因，导致古今中外，各色各样的企业丑闻不断发生，历史上一些有名的大企业甚至因为这类丑闻而遭到无情的淘汰。

稍稍回顾一下过去，在日本，食品作假的雪印乳业公司，做假账粉饰财务数据的钟纺公司，这类历史上的著名大企业都消失了。在美国，大型能源企业安然公司、曾居美国第二的世界通信公司，都因财务做假而崩溃。

在中国，大型乳制品企业三鹿集团，对三聚氰胺事件负有责任，因资不抵债而破产，这件事在日本也有报道。

以上的例子，起因都是企业忽视了经营企业必须遵守的规范、规则。企业舞弊丑闻之所以发生，都是因为企业没有明确确立自己的"哲学"，或者说这种"哲学"没有在企业里面渗透。

在大多数企业里，首先就没有经营者会向员工们提出"作为人，何谓正确"这个问题。而我思考的所谓"哲学"正是针对这个问题的解答。同时，这也是孩童时代父母、老师所教导的做人最朴实的原则，例如"要正直，不要骗人，不能撒谎"等。

"这么起码的东西还需要在企业里讲吗？"或许有人感到惊奇。但是正因为有人不遵守上述理所当然的做人的原则，才产生了各种各样的企业丑闻。

例如，为了获利，认为"这种程度的违规没有关系吧"，将公司内的规范、规则稍稍扭曲，结果行得通了，于是猜想"稍进一步的违规也没问题吧"，更是将规范、规则抛在一边，这样，企业或者产品就会发生问题。如果将问题公开，企业可能蒙受巨大损失，于是采取"不如实公布，沉默以对"的态度。而当内部告发、问题暴露时，企业又出面掩饰、作假报告等。结果舆论谴责企业说谎骗人、掩盖真相，事态愈加复杂，最终导致企业崩溃。

这就是出身于一流大学、跻身于一流企业领导者岗位的经营干部做出的事情。与这些企业精英们讲什么"要正直，不要骗人，不能撒谎"似乎太"幼稚"、太"愚蠢"了，他们会一笑了之。然而，这么简单幼稚的道理他们却不能实行，这就是企业崩溃的根本原因。

这么单纯的哲学，企业的干部们却没有将它变成日常生活中的规范、规则和必须遵守的事项。换句话说，他们没有将依据哲学的规范、规则和必须遵守的事项当作自己日常生活的指针，当作经营判断的基准。

我认为，正因为缺乏这种朴实哲学的人成了大企业的领导者，才导致今天世界上许多大企业丑闻频发，整个社会陷入极度的混乱。

所幸，因为我缺乏经营的经验和知识，所以有关企业经营的规范、规则和必须遵守的事项，仅仅从"作为人，何谓正确"这一句话中引申，并用它来说服员工。

"作为人应该做的正确的事情，以正确的方式贯彻始终"，虽然是极为简朴的判断基准，但正因为遵循由此得出的结论，京瓷从创立以来至今长达半个世纪，经营之舵从未偏离正确的方向。后来京瓷进军海外，这样的判断基准更成为全世界普遍适用的哲学。

哲学用来表明企业的目的

第二个理由，所谓"哲学"，它用来表明企业的目的、企业的目标，即要将这个企业办成一个什么样的企业。同时，这种"哲学"还要表明，为了实现自己希望的、理想的企业目的，需要有什么样的思维方式。因此，这种哲学在企业经营中必不可缺。

京瓷公司刚诞生时，在日本的古都京都西侧的中京区西京原町借了一间木结构的房屋。当时员工数尚未满百，面对他们，我就反复强调："要把京瓷这个公司办成西京原町第一的企业，西京原町第一以后，就要瞄准中京区第一；中京区第一以后，接着是京都第一；实现了京都第一，再就是日本第一；日本第一后，当然就要世界第一。"这在当时看来好似一个遥不可及的梦想。

但这既是给员工们的一个梦想，也为了鼓励作为经营者的我自己。说实话，在说出这种梦想的一瞬间，我自己心中也有疑虑。

当时西京原町已经有了非常有名的企业——京都机械工具公司。当时汽车产业蓬勃兴起，这个企业从早到晚满负荷工作。要超过它成为西京原町第一，实在太难了。

说到中京区第一，瞬间就会想到岛津制作所。当时它已经是日本制造理化设备第一的公司，近年来还出过诺贝尔奖的获奖者。要想超过岛津制作所，我自己也认为那简直是白日做梦，更何况是日本第一。

仅看同行，当时就有日本电瓷瓶公司和日本特殊陶业公司两家名门企业矗立在精密陶瓷行业，还弱不禁风的京瓷公司却要瞄准日本第一，未免太荒唐无稽了。

然而，即便如此，我却依然不断向员工们说："日本第一，不，要瞄准世界第一。"与此同时，为了成为世界第一的公司，干部员工应该如何思考、如何行动，从思维方式到工作方法，都要指明，就是说，必须在企业内确立这样的哲学。

实际上，从京瓷还是中小零细企业开始，我就希望把京瓷做成世界第一的精密陶瓷企业。我不断向员工们诉说为了实现这样的高目标所必需的思维方式和工作方法。朝着这一方向，全体员工团结一致，共同奋斗。

因此，在我的"哲学"中，"树立高目标""持续付出不亚于任何人的努力""把自己逼入绝境""极度认真地生活"这类表达克己的严肃的思维方式和人生态度的句子随处可见。

我自己从年轻时开始就强烈地意识到，必须树立高目标，为了实现这种高目标，必须具备"哲学"中提倡的那种严格的生活态度，并努力实践至今。曾经有如下一段逸事。

日本有一家大型内衣企业叫华歌尔公司，总部设在京都。它的创业者塚本幸一先生活着的时候，常召集京都的企业家朋友喝酒聚会。塚本先生年龄比我大一轮，属相与我相同，他很爱护我，我们像亲兄弟一样。

当时京都还有一家叫罗希安的公司，也做纺织品。这家公司的第二代社长也常来聚会。他毕业于精英辈出的东京大学，后来在有财阀背景的大银行住友银行工作，子承父业当了罗希安公司的第二代社长，大概比我小两三岁。

他喜欢喝酒，经常喝得酩酊大醉。同他一起喝酒交流时，因为我持有"哲学"里的那些思维方式，即使在喝酒时也不免谈及一些认真严肃的话题。

这时候，这位第二代社长就说："不，稻盛君，我才不那么想呢。"他主张人生应该过得轻松快乐。他头脑聪明，又是名门之后，从没吃过苦头，因此才有那样的想法吧。

我们争论时，正好经济不景气，华歌尔的塚本社长正在担心今后的经济形势。在辩论时我说："正因为经济环境严酷，在企业经营中更需要认真的、慎重的态度。"这时这位第二代社长就说："不，我不这么认为。"争论开始了。

这时候，塚本社长突然厉声喝道："喂！请你闭嘴！"因为事情太突然了，我大吃一惊。性格开朗、喜欢与大家一起干杯的塚本先生板起面孔，大声呵斥，周围的人，尤其是被斥责的那位当事人不免大吃一惊。

接着塚本先生又说道："你说什么呢，你以为你与稻盛君可以相提并论吗？你与稻盛君无法类比，你还要比什么呢？

"稻盛君赤手空拳创办企业，把京瓷做成了如此优秀的企业。我创办华歌尔，也算搞到了现在的规模，即便是我也要对稻盛君刮目相看。而你呢，不过是子承父业，企业经营得那么差劲，你有辩论的资格吗？有什么样的哲学就会有什么样的经营，这毫无疑义。针对稻盛君的哲学，你有坚持自己的哲学的资格吗？

"就是说，轻松愉快地享受人生，马虎随意地经营企业，而经营业绩竟可以超过认真辛苦、拼命努力的京瓷，如果是这样，那么你的意见或许还值得一提。但是你浅薄的哲学只获得了很差的业绩，而你却要与取得高业绩的经营以及经营哲学唱反调，有什么意义呢？"

当时，聚在一起的京都工商界的朋友有十余人，被塚本先生斥责的当事人以及在场的其他经营者，或许多数人并不明白塚本先生话里的真义。

但当时，我痛切地感受到了塚本先生想要表达的意思。那是说，本来彼此瞄准的目标就不同，却要比较达成目标的哲学和方法，这种比较没有意义，问题在于"要攀登什么样的山"。

例如，像远足一样去爬附近的小山，当然不需要任何训练，轻装去爬山就行了；但如果要攀登险峻的高山，就需要严格的训练，需要充足的装备。

更进一步，如果想征服世界最高峰珠穆朗玛峰，那就需要具备高度的攀登技术和丰富经验的人才，需要长期露营必备的充足的食品和装备，需要周密的准备。就是说，拿郊游爬小山与攀登珠穆朗玛峰比较，展开争论没有什么意义。

"要攀登什么样的山"，这用来比喻企业经营非常贴切。就是说，京瓷从还是中小零细企业时开始，就立志要成为世界第一的陶瓷企业，为了达到这个目标，"必须有这样的思维方式，这样的方法模式"，这样的思考被归纳为"哲学"，这种"哲学"就是京瓷攀登高山时所需的准备和装备。

"要攀登什么样的山"就是说你想创办什么样的公司，因为目标不同，规范公司需要的哲学、思想也不同。一旦树立了高目标，那么自然就需要与之相适应的思维方式以及方法论。正因为如此，我的"哲学"里就罗列了许多克己的、严肃的条目。

所以，每当京瓷的员工们去参加同学聚会，从友人那里常听到这样的感叹："在那么严格的公司里面，你倒还真能忍耐，看来干得不错啊。"公司要求严格是因为京瓷瞄准的是"世界第一"的高目标。

但是，认真想一想，从京瓷还是中小零细企业时开始，我就像梦魇般不断诉说要成为世界第一，努力奋斗到今天，京瓷果然成长为世界第一的陶瓷公司，这样的结果证明了我的哲学，即我强调的思维方式和方法论，是正确的。

如果说，我的"哲学"与我们要攀登的世界第一的高山不相适应，那么京瓷就不可能发展成今天这样的公司。从这个意义上说，这种"哲学"是已经被事实证明了的正确的经营哲学。所以，希望中国的经营者们今后能够坚定信念，认真学习这种哲学。

哲学赋予企业优秀的品格

第三个理由，这种"哲学"可以赋予企业一种优秀的品格。就像人具备人格一样，企业也有企业的品格。企业经营非常需要优秀的哲学，就是因为这种哲学可以赋予企业优秀的品格。

人要具备优秀的人格，企业要具备优秀的品格。要做到这些，就要弄明白"作为人应有的正确的生活态度"是什么，而"哲学"，正像前面提到的那样，它就是用"作为人，何谓正确"为基准进行对照，从中归纳出来的"正确的为人之道"。

这种"正确的为人之道"建立在具备普遍性的伦理观之上，所以这种"哲学"的内容超越国境，在"全球性经营"中也能有效地发挥作用。

京瓷现在在全世界有很多生产基地和销售网点，员工大部分是外国人，作为全球性企业在全世界开展业务活动。在语言、民族、历史、文化完全不同的地区和国家开展事业，从事企业经营的时候，如何"治人"这个问题特别重要。

自古以来，"治人"有两种方法，一种是欧美常见的方法，就是用强大的权力来压制人、统治人，这种办法在东亚被称为"霸权主义"，或称"霸道"。

另一种方法，就是亚洲，特别是以中国为中心所倡导的"德治"的方法，就是用仁义来统治的方法。这种"德治"的方法叫作"王道"。

以力量来压制人，即以力治人；以仁义治人，即以德治人。针对"霸道"和"王道"这两种统治方法，自古以来就争执不休。

翻开中国几千年来治乱兴亡的历史，这一点看得很清楚。

某个时代，用霸道夺取政权的当政者用武力迫使人们顺从，但过了不久，在睡梦中被人取了首级，用武力统治的当政者因武力而没落。尔后群雄割据争霸，由霸道统治的时代得以持续一段时间。但霸权主义终于走到尽头，乱世过后，人们渴望治世，渴望以德而治的王道出现。受到民众信任和尊敬、以仁义治国的当政者登上历史舞台。以王道治国的当政者人格圆满，仁慈平和，因政治清明而出现盛世。但经过一段时期，不行使武力的统治者因过于温和而遭到蔑视，于是叛乱再起，施行王道的政权又被推翻。

中国几千年封建王朝的历史可以被理解为霸道和王道交替出现的历史，从中可以看出，治人，对于任何一个时代的当政者来说，都是极为困难的课题。

创业第九年，当时京瓷还是中小型骨干企业，在日本企业中算是最早进军美国的。京瓷在斯坦福大学附近的库巴第诺，就是现在的硅谷设立了事务所，派遣了两名员工，开始在美国展开营业活动。

当时正值硅谷的黎明期，事务所周边是一望无际的樱桃田。一到 5 月，道路边有卖樱桃的农家。我们买了樱桃，一边大口吃着，一边驾车拜访费阿卡尔德和英特尔等半导体客户厂家，展开营业活动。

工作忙碌起来以后，京瓷雇用了当地一位日裔员工。这位日裔员工面孔同日本人一样，但思维方式完全是美国人的一套，除了懂得一点日语，在各个方面都同我们持不同的意见，我们不得不面对这个问题。后来京瓷在山迪埃谷设厂时聘用了一位美国厂长，我们同他之间也总是意见对立，格格不入。

因为有了上述的经验，我认识到在海外经营企业，归根到底是一个如何治人的问题。

当时只要现场一发生问题，我就立即飞往美国，穿上与现场工人一样的工作服到车间巡视，看到工作表现差的员工，就会说"要这样做，要那样干"，直接批评、指导他们。例如看到当地的女工在装配作业时手忙脚乱，我就会走到她身旁，说："你看这么装如何？"教给她作业的方法。

这时，身穿西装的美国厂长立刻赶来现场，抱怨说："稻盛社长，你到这种地方来，让我很难堪。""我们为社长准备了单独的办公室，你只要坐在社长室，有事叫我们就行。我们会向你报告现场的情况。你穿着工作服，来到工作现场，与女员工一起，同她们做一样的工作，这让我们很为难。在美国没有这种习惯。从日本来的社长这么做，会被人小看，被质疑怎么水准这么低。"

我并不介意别人怎么想，此后，我还是同在日本一样，深入现场，与员工们一起拼命工作。

有一次，我看到一位工作极为马虎的年长的美国员工，一副厌恶工作的表情，在将陶瓷原料放进贮料机械时，竟将原料洒了一地。

让我逮着了，我严厉地斥责道："干活怎么能这样有气无力，另外，将贵重的原料洒落一地，你怎么连一点成本意识都没有？"我怒火中烧地斥责他。

这位年长的员工火冒三丈，即刻顶撞道："简直混账，这样的公司还干得下去吗！"说完，他愤然离去。

后来我才知道，这位员工曾在美国海军服役，是一位经历过日本冲绳战役并在激战中取胜的勇士，经常对日本人使用"东洋鬼子"这种轻蔑的语言。对于在美国工厂工作的日本员工，他平时就出言不逊，毫不忌讳："像你这样的日本鬼子有什么资格来指挥我！"所以，这次受到我这个"东洋鬼子头头"的严厉斥责，他当然受不了，于是就骂我混账。

在冲绳战役中获胜，接着占领日本，后来凯旋回到美国，这么一位身经百战的勇士，却要受到日本社长的严厉呵斥，是可忍，孰不可忍！对他而言，这样的场面之难以忍受，超出我们的想象，他表达不满的态度或许可以理解。

面临这类情况，收购了美国企业的日本企业往往忍让再忍让。

但我却毅然决然，严肃地指出他的不是："你的作业态度，作为一位员工完全不合格。"我决不改变初衷，妥协示弱。

美国是一个携枪自由的国度，在美国对员工严加斥责，可能会遭到记恨，甚至说不定会遭受暗算，所以许多在美国工作的日本人因惧怕风险，很快就会向美国人做出妥协。

在美国经营企业的日本经营者对美国员工，总是避免用严厉的言辞说话，在这样的风气中，我却毫不含糊，始终采取坚决的态度。

我是这样考虑的，员工工作态度恶劣，就必须严肃地向他指出，要他改进，这不是霸权主义，不是以权力让当地员工屈服，以便随意驱使他们。虽然我是社长，我有权力，可以随时解雇你，就是说，可以用权力进行统治，但采用这种方法，只要我一转身，员工就可以阳奉阴违，事情肯定做不好。

回顾历史就可以知道，在统治异族时，统治者常常会采用暴力压制的方式，迫使他们就范。但是，有力量压制时，他们表面顺从却面从腹诽，一旦压制的力量松懈，他们会立即谋反。这虽然可悲，却是人世间的常态。

我意识到，在海外当地法人企业工作的员工们，对我、对日本常驻人员是否信任、是否尊敬，这才是问题的关键。我注意到，这才是真正的问题所在。

既不受信任，又不受尊敬，这样的人在异国他乡治人管人，当然不可能成功。同时，缺乏对企业领导者的信任和尊敬，员工们对企业就无忠诚可言，要做到不管领导者是否在场，都能一如既往、拼命工作，当然也不可能。

那么，怎么做才能得到对方的信任和尊敬呢？要赢得外国人的信任和尊敬靠什么呢？那就是优秀的人格。"那是一位人格高尚的人！"让对方做出这样的评价，是取得对方信任和尊敬最好的方法。

要赢得外国人的尊敬，必须具备特别优秀的人格，就是具备做人的"德"行，这个"德"字超越国界，普遍适用，万国共通。若不能"以德治人"，那么海外企业的运行就无法成功。

要求跨国经营的 21 世纪，企业究竟能不能发展，海外的当地法人——从领导者到基层的员工，对于公司本部，是否抱有信任和尊敬之念是关键，这一点决定了成败。

对公司是否抱有信任和尊敬之念，关键就要看这个公司是不是具备优秀的品格。优秀的品格能够超越人种、语言、历史和文化的障碍，能够打动世界不同国家的人们的心。优秀的品格中充满美好的德行。

"由高层次的哲学支撑的、具备优秀品格的企业，它们的员工就值得我们信任和尊敬。因此，我们应该尊重他们的意见。"要让海外员工由衷地说出这样的话。因此，能够赋予企业优秀品格、赋予员工优秀人格的高层次的哲学就非常必要。这是经营为什么需要哲学的第三个理由。

如何实践经营哲学

上面谈的三个理由，包含在我的哲学之中。《盛和塾》杂志每一期都在解读这种哲学，我的讲话以"塾长讲话"为题刊载，《盛和塾》杂志已经发行了 99 期，今后将依次翻译成中文。

如果阅读《盛和塾》杂志，大家就能理解，刚才讲的三个要素形成了我的哲学。大家在各自的公司里构建企业哲学时，可以用作参考。

在企业里提倡这种哲学，与员工们共同拥有这种哲学，最重要的是要实践这种哲学。

下面这句歌词说明了将所学付诸实践的重要性："圣贤之道，听了唱了却不做，毫无价值。"

这首歌叫《日新公伊吕波歌》，是我小时候在故乡——日本西南的鹿儿岛学到的。当时的鹿儿岛对小学低年级学生实行"乡中教育"，这是一种独特的教育。在那里向"萨摩隼人"，即精力充沛的男孩传授剑道、柔道、相扑等，并教授中国古代典籍。

除此之外，还教《日新公伊吕波歌》，这是日本战国时代的萨摩武将岛津忠良，也就是日新公，为教育弟子所作的数数歌。日新公强调正确做人的重要性。

这首歌开头一句的意思是："无论你读过、听过多么好的道理，如果不亲身实践，就毫无意义。"哲学也一样，无论学了多少，因为是特别简单的道理，将它变成自己的东西、认真实践的人反而很少。

实际上，学习和掌握正确的做人的道理是一件难事。如果问我自己是否已经完全实行了正确的为人之道，答案是并没有完全实行。

圣人君子以及开悟的人，能够实践真理而不觉得痛苦，但我们凡人，无论学了多么好的道理，完全实行总是难上加难。这一点自古以来大家都承认，因此，刚才的《日新公伊吕波歌》一开头就唱那一句，之后还继续强调这一条。

人有只说不做的习性，那么，为什么我还要跟大家反复强调"必须在企业里提倡这种哲学，必须与员工们共同拥有这种哲学"呢？

因为，将哲学融入自己的血肉，付诸实践，虽然极为困难，但理解"作为人，就应该这样去生活"，力求接近这种理想的生活状态，并为此而拼命努力的人，与不这样思考、漫不经心地生活的人相比，人生和工作的结果可能迥然不同。

就是说，对于哲学，不是能够领会或不能领会的问题，而是随时反思、反省，不断努力去领悟、去体验，这才是最重要的。

这一点同宗教——不管是佛教、基督教，还是道教，所倡导的遵守戒律是一样的。宗教有种种戒律，要求僧人和信徒遵守戒律。然而，能够完全遵守宗教戒律的人恐怕没有几个吧。

即使如此，还是要认真考虑，努力遵守，随时随地翻阅经典，不断自我反省。肯这样做的人和不这样做的人，其人生和工作的结果完全不同。

必须天天反省。天天反省自己，拼命努力去实践正确的为人之道，这样做就可以一点点磨炼自己的灵魂，提升自己的人格。我认为，这一条对实践哲学而言，是最为重要的。

品格决定经营者的统率力

还有一点，在企业里实践哲学、希望与员工共有这种哲学的时候，倡导哲学的经营者的姿态很重要。

例如，在企业里举办哲学学习会，有时会遭到年轻员工的抵制。因为经营者提倡大家学哲学，而充满理想的年轻员工理解这种哲学后，就会拿这种哲学同提倡哲学的经营者进行对照，如果经营者行为不当，年轻员工察觉后就会产生反感。

前面已经提到，对于表达高层次的思维方式的哲学，能够完全实践的人并不存在。所以，在给员工讲解哲学之前，应该先表达如下的意思："我提议大家要学哲学，好像我自己有什么了不起似的，其实这种哲学我自己还没有实行。我虽然是公司的领导者，但至今在哲学的各个方面都没有很好实践，从这个意义上讲，我还是个尚未入门的小学生，但从今之后，我要与大家共同努力，终生去实践这种哲学。不是说因为自己还没有很好实践，就不能在大家面前提倡哲学。作为社长，我至少要提出'应该这么做'。因为我希望通过学习哲学，年轻人能成长，公司能发展。如果大家认为我违反哲学，那么，希望大家超越我，拥有更出色的思维方式，来带领公司向前迈进。这样做，不仅能使公司发展壮大，而且能使大家人生幸福。"

越是高层次的哲学，在让年轻员工们学习理解时，越要采取谦虚的态度。讲些豪言壮语，好像自己全都理解了、全都实践了，这种态度在年轻员工们看来，不过是笑柄。

能够完全实践哲学的人不存在，我自己也不例外，但努力让哲学变成自己的东西，这种姿态很重要。希望企业经营者理解这一点，与员工们共同钻研，共同实践。

沿着这个思路，最后我想谈一谈有关经营者、有关领导者资质的话题。

2002 年 4 月，我与位于美国华盛顿的国际战略问题研究所（CSIS）的前理事长戴维特·阿布夏先生共同创建了名为"阿布夏·稻盛领导力研究会"的领导者培训机构，共同举办了活动。

因为我们抱有危机感，我们认为："不管什么集团，集团领导者决定了这个组织的盛衰。领导者的资质对于组织具有巨大的影响，缺乏优秀资质的领袖人物才是今天这个世界混乱的原因。"

我有机会在"阿布夏·稻盛领导力研究会"发表讲演，在华盛顿政界、财界的名流面前，我讲了下面一段话。

人类社会有各种各样的组织，小到一个公益性团体，大至一个国家，在这样的组织里一定有领导这个组织的中心人物，就是被称为领袖的人物。

翻阅历史可以看到，人们的命运在很大程度上为集团的领袖所左右，好的领袖可以使集团发展壮大，坏的领袖会把集团带向悲剧的深渊。

有关领导者的资质，中国明代思想家吕新吾在其论著《呻吟语》中说"深沉厚重是第一等资质"。就是说，具有厚重性格，并经常对事物进行深入思考，是作为领导者最重要的资质。

同时，吕新吾又说"聪明才辩是第三等资质"。就是说，聪明能干，巧于辞令，不过是第三等资质。

然而，不论东方还是西方，当今世界，吕新吾所说的只具备第三等资质（即"聪明才辩"）的人，被选拔为领导者，这种现象相当普遍。当然，这种人会干事，作为能吏、助手使用，可以发挥很大的作用，但是，他们是否具备充当集团领导者的优秀人格，那是另外一个问题。

我认为，现在世界上的许多组织之所以荒废不振，根本原因就是很多集团的领导者只具备第三等资质。为了让社会变得更好，把吕新吾所说的具备第一等资质的人，就是具备高尚人格的人选为领导者，极为重要。

但是，人的人格既不是与生俱来的，又不是永远不变的。人格会随着时间的推移而变化。即使是具备优秀人格的人，终其一生，要始终保持优秀的人格，也极为困难。

这是因为，人的人格受环境影响，时时刻刻都可能向好的方向或向坏的方向变化。比如，原来很勤奋又很谦虚的人，一朝权力在手，就可能变得傲慢，变得面目全非，最后玷污了自己的晚节，这种事例很多。

另有一种人，前半生与社会作对，甚至在社会上兴风作浪，但是在历尽辛酸之后，以某事为契机，幡然悔悟，浪子回头，晚年变成具备优秀人格的人，这样的例子也存在。

既然人格是变化的，那么选拔领导者的基准，就不能仅用"当时"他的人格如何来做判断。所以，我们在选择领导者时必须同时考虑"怎样才能提升人格""怎样才能维持高尚的人格"。

现在，不论哪个国家，有许多著名企业和它们的经营者，因为丑闻陷入困境。这类企业原本都是那些有卓越才能的经营者通过非凡的努力建立起来的。

但是，因为这些经营者的人格没有提升，所以一旦功成名就，不知不觉中就放松了努力，不再拼命工作，只想自己独享经营成果，甚至不惜违规违法。

所以，最重要的是，领导者必须努力提升自己的人格，努力维持自己高尚的人格。有人认为这话未免迂腐，但是我相信，这是防患于未然，避免领导者堕落变质，避免企业由盛转衰的最有效的方法。

华盛顿政界、财界的许多要人对我的观点表示赞同。接着，长期在华盛顿政界活跃的阿布夏先生以美国第一任总统乔治·华盛顿为例，发表了讲话。

阿布夏先生说，美利坚合众国获得独立并取得飞跃发展的原动力，就是因为具备伟大人格的乔治·华盛顿担任了美国的第一任总统。

亚洲、非洲和中南美洲许多国家，原来是欧洲诸国的殖民地，它们获得独立后，因为独裁政治和内战而陷入混乱。在长期持续的混乱之中，只有美国，自从摆脱英国的殖民统治获得独立后，在繁荣的道路上不断前进。

美国成长发展最重要的因素，是具备伟大人格的乔治·华盛顿当了美国的第一任总统。而且，当时美国国会授予了就任美国第一任总统的乔治·华盛顿极大的权力。

如果将巨大的权力授予人格不成熟的人，后果不堪设想。但是，因为乔治·华盛顿具备优秀的人格，所以美国国会排除了反对意见，为了让他能够顺利贯彻自己的政策，而授予总统巨大的权力，并把这一条写进了美国的宪法。

企业经营也一样。在企业里，经营者被授予极大的权力，但是这种权力的行使，应该是为了保护员工，为员工创造幸福，而不可以用来压制员工，不可以用来满足经营者个人的欲望。

稻盛和夫（北京）管理顾问有限公司刚成立不久，稻盛和夫经营研究中心也成立了，我希望研究中心的成员们首先在自己的企业内确定正确的哲学，与员工们共同拥有这种哲学，作为经营者，自己要率先垂范，带头实践这种哲学，不断努力提升自己的人格。这样做，企业不仅一定能发展，而且能长期繁荣昌盛。

今天以"经营为什么需要哲学"为题，我讲了在企业经营中哲学的必要性，讲了这种哲学的内容是什么，又讲了怎样去实践这种哲学、怎样在企业里与员工们共同拥有这种哲学。

我衷心希望，做人的正确的哲学以及正确的企业哲学在各位的企业里生生不息。企业不断成长，就能不断给员工带来幸福，就能促进社会的繁荣，并对国家的发展做出贡献。希望在中国的企业里也能实现这样的"王道"经营。

希望在座的各位把自己的企业经营得更加出色。如果我今天的演讲对大家有所助益，我将感到非常荣幸。

谢谢大家的静听！

第三章 / 当代经营者应该成为怎样的人

正确地经营企业

大家好！我是稻盛。[1]

盛和塾第 17 届日本全国大会开了两天，最后只剩下我讲话了。

参加这次会议的，有来自日本各地的将近 2800 名塾生，还有来自中国的近百名、来自遥远的美国的 40 名朋友参会。能够召开如此盛大的会议，我感到十分高兴。

这两天中，8 位塾生的发言都很感人，听的人都非常认真，生怕漏掉一句。大家都期望在自己的经营实践中借鉴发言者的经验。看到塾生们这么投入、这么认真，我再次感到盛和塾真是一个很了不起的学习会。

在当前严峻的经济形势下，单是个人的生存已属不易。在座的各位中小企业的经营者们，哪怕你们只雇用了 10 名、20 名员工，为了保障员工及其家属的生活，你们夜以继日、殚精竭

---

[1]　本章由稻盛和夫先生在盛和塾第 17 届日本全国大会上的演讲汇编而成。

虑，努力把握经营之舵。在繁忙中你们抽出宝贵的时间，聚集到盛和塾来，一起学习如何正确地经营企业，看到这种情景，我非常感动。

塾生们对经营、对人生抱着如此真挚的态度，为了不辜负大家的期待，我究竟应该给大家讲什么呢？整整一个月来，我一直在苦思冥想。

反复思考，今天我决定讲一讲"当代经营者应该成为怎样的人"这个话题。

俯瞰人类的历史，我们首先要认清当代究竟是一个什么样的时代，在这个基础上，我们企业经营者应该怎样去工作和生活。我想围绕这个话题，将我的思考告诉大家。

从我们生存的地球、宇宙说起

大家知道，宇宙诞生于距今大约 137 亿年之前。宇宙的起因是一个小小的基本粒子的团块引发的大爆炸。因所谓"大爆炸"而诞生的宇宙，而后不断地膨胀，至今还在继续扩展，这个事实已为天体观测所证明。

宇宙诞生后，在距今 46 亿年前，在气体状态的太阳系星云中，在粒子反复集聚和碰撞的过程中，出现了许许多多小行星。我们人类居住的地球，就是由这些小行星结合而诞生的。

当时灼热的地球渐渐冷却，在距今 40 亿年前，形成了海洋。海洋中产生了原始的生命，这种生命不断进化，并开始登上陆地。这是约 4 亿年前发生的事情。

这种登陆后的生物，接连不断继续进化，据说，在距今约 700 万年前，在非洲，人类诞生了。此后，人类经过猿人、原始人等阶段，在各种生物反复进化和灭绝的过程中得到发展，终于进化成我们现在生存的人类，就是所谓智人。

就这样，人类成为在地球上获得进化发展的生物物种之一。当初的人类不过是生物圈中的一员，是生物世界中的一个物种，换言之，人类只能在自然环境条件的制约下被动地生存。

这个时代，人类以狩猎采集为生。比如在森林中采撷果实，摘取草木的嫩芽，在河海中捕鱼，在山岭中狩猎。就是说，当初的人类，通过狩猎采集的生存方式，在生物圈中参与物质与能量的循环。

大约在 1 万年前，人类开始了农耕畜牧，迎来了全新的生存方式。人类烧毁森林，使之变为耕地，栽种作物当粮食；或者开伐林地，使之变为草地，放牧家畜。这种农耕畜牧的生产活动，改变了地球上物质和能量原来的循环流程。

在狩猎采集时代，人类只是一种弱势的、被动的存在，只能利用地球所具备的物质和能量参与循环。而进入农耕畜牧时代，人类却能动地改变了地球上物质和能量的循环流程。

这意味着人类从生物圈的束缚中获得解放，建立了自己独立的生活圈，即人际圈。同时这也给人类带来了精神上的变化。

所谓精神变化是指人类告别了受自然支配的生存方式，要依照自身的意志，发挥自身的才智，要为自身的利益，来利用自然、改变自然。

换言之，为了人类的利益而征服自然，这已逐渐成为一种固定的观念。而这时的人类还抱有一种幻想，就是自然以及自然带来的资源是取之不尽的。

根据这种想法，人类大量采伐森林，把它们变为种植谷物的农场或饲养家畜的牧场。这种做法使生物物种急剧减少，改变并破坏了地球原有的生物圈。但是，这时的人类还只能依靠人力或驱使牛马，对自然的改造能力还停留在有限的阶段。

同时，进入农耕畜牧时代后，人类社会的状况也发生了质变。食物的生产开始后，人类就要追求富裕和安定，并开始储备剩余的食物。但这样做的结果是，围绕储备食物，即所谓财富，人类开始了互相争夺。欲望不断滋长，为了抢夺对方的财富，引发了各种斗争。

要求自身富裕的欲望愈加膨胀，斗争的规模日益扩大。人类为了抵御外敌、保护自己，就在城市周围修筑城墙、挖掘壕沟。我们今天看到的古代文明的遗迹——那些雄伟的城墙和护城河就是证据，证明了人类的欲望和为了满足欲望而进行的争斗。

人类争夺财富的历史，兴衰存亡长达数千年。与此同时，人类还具备强烈的好奇心、探求心，不断探究各种自然现象背后的原理，并在制造器物方面不断地钻研创新。这引发了250年前英国的产业革命。蒸汽机的发明让人类获得了巨大的驱动力。这种驱动力，使人类促进地球物质和能量循环的力度飞速增长。

比如，澳大利亚大地里埋藏的铁矿石，如果依靠自然的力量向日本列岛移动，由海流的作用一点一点移动，需要花费几千万年的时间；但利用具备驱动力的船只，这种移动很快就能实现。这样，人类就大大改变了地球物质和能量的循环流程。

这种驱动力的中心是石化燃料。内燃机强大的驱动力和大量消耗的石化燃料，造成了现在地球的环境问题，这是人类强加给地球物质和能量循环的巨大负担。

人类摆脱生物圈的束缚以后，依仗这种驱动力使地球生物圈迅速衰退，使人际圈畸形地发展壮大。

人类获得这种驱动力后，将"追求更加富裕的生活""构筑更加便利的社会"这种欲望作为引擎，加上好奇心、探究心的扩展，人类不断推进科学技术的发展，仅仅用了 200 多年的时间，就创造了富裕而又便利的现代物质文明。

现代物质文明的基础是"大量生产""大量消费""大量丢弃"。在这样的经济结构中，需要大量制造、使用、丢弃物品才能促进经济不断增长。按常理思考，这样做太过浪费，但在现在的社会结构中，这样做却能促进经济发展，进而引导社会整体的发展。

然而，这种基于人类的欲望而损害自然的所谓文明不可能长期持续。前年，由著名的埃及学专家吉村作治先生当向导，我和哲学家梅原猛先生一起，花一周时间访问了埃及。

埃及文明从距今约 5000 年前开始发展，约 2000 年前衰亡，只残留金字塔和大神殿等历史遗迹。仰望耸立在沙漠中的雄伟的遗迹群，我不禁思考人类文明的前途。

位于现代伊拉克地区的美索不达米亚文明也一样。古代许多灿烂文明的遗迹只剩下纪念碑，甚至连遗迹也已经消失。底格里斯河及幼发拉底河流域曾经被森林覆盖，一度是富裕的粮仓，而如今已是沙漠一片。

征服自然、只为利用自然而利用自然，其结果是盛极一时的文明覆灭。玛雅、阿兹特克等中美洲的文明也一样，能够持续千年以上的人类文明很少。

这样看来，200 多年前、以产业革命为契机的近代物质文明究竟能够持续到何时呢？

人类本来不过是生物的一种，但为了满足自身的欲望，人类利用其他的动植物，以牺牲自然环境为代价，享受了优越的现代文明，但破坏地球环境招致了人类自身的生存危机。

1800 年左右，即江户时代中期，地球人口只有 10 亿左右。经过 200 多年，到了今天，人口已膨胀到约 70 亿。不必等到 21 世纪末，地球人口将达到 100 亿。100 亿这么庞大的人口，大家都要富裕和便利，都想过上奢侈的生活。这就必须有更多的能源、大量的食物，到时或许连水都将供不应求。

100 亿人口所需的能源、食物、水，到时候能确保吗？许多有识之士都认为不可能。有一种悲观的预测，就是 40 年后的 2050 年，现今的物质文明将会崩溃。

人类仍然以欲望为动力，继续追求富裕和便利，但事实上，人类只能在地球允许的范围内发展。超越界限的时间不是遥远的将来，而就在这 30 年、40 年的短时期之内。照老路走下去，结果只能是现代文明的崩溃和人类的毁灭。

这就是我们人类面临的现实。在俯瞰人类历史的同时，我们再来思考当前由美国金融危机引发的世界性经济萧条。

世界经济形势

我认为这次世界性的经济萧条，也是人类欲望的产物。以美国为代表的资本主义，以人类的欲望为动力，希望以更轻松的方式获得更富裕、更便利的生活，同时发挥人类具备的意志和才智，追求无止境的发展。

以钱生钱的金融界的技术进步最为突出。以美国为中心的金融机构，利用高度的数学、统计学智慧，利用最尖端的 IT 技术，应用杠杆原理开发出金融衍生产品，向全世界推销，以获取巨额利润。

这就是典型的利己欲望的产物：贪得无厌，企图轻轻松松赚大钱。

在这种浸透无止境欲望的所谓金融衍生产品中，次级贷款这一风险极高的债权被作为证券销售，流向全世界，最终露出破绽，给世界经济带来重大打击。

一些国家重要的金融机构面临破产，为挽救危局，各国政府注入了巨额资金。到了今天，世界经济总算有所好转。但是，导致经济下滑的主要因素仍然不少，今后的形势不容乐观。

在一定范围内，现在的世界经济在资本主义的系统中运行。1991 年苏联解体后，一部分人认为资本主义是唯一有效的经济模式，资本主义所倡导的"市场原理主义""自由经济主义""绩效主义"才是正确的社会原理。

市场原理主义、自由经济主义是在自由放任的经济竞争中，明确划分出强者和弱者，营造一个"等级社会"。而绩效主义使能力强的人和能力弱的人获取的报酬产生巨大差距，从而引发社会矛盾和动荡。

特别是在美国的经济界，某些企业经营者因获取巨额报酬，受到社会的责难。他们的做法不仅让企业内外产生不公平的感觉，而且由他们的利己欲望引发的极端利己的行为，被视为"贪婪"而遭到社会严厉的批判。

2008年9月破产并由此引发经济危机的美国投资银行雷曼兄弟的首席执行官理查德·福尔德，在2000年后的任期中获得3.5亿美元的巨额报酬。

另一家美国大型投资银行美林证券，因次贷危机遭受巨大损失，被美国银行收购，它的首席执行官斯坦利·奥尼尔引咎辞职时的退职金竟高达1.6亿美元。

企业利润是企业全体干部员工共同努力和协作所取得的成果，在上述情况下，这种成果却被认为是企业领导者一个人的功劳。一人独享高额报酬，这是极不应该的。这种做法会引发企业内部的不和谐，甚至成为企业破产的原因。

美国金融机构中一些企业的首席执行官，将自己企业的财务弄得一团糟，他们应该向员工们谢罪；他们迫使公共资金注入，应该向社会赔罪；他们开发、销售金融衍生产品，给予世界经济莫大的损害，应该向全世界认罪致歉，他们没有资格获取报酬。

美国政府终于采取措施，限制接受公共资金的金融机构的经营者的报酬。现在，据说美国也开始讨论经营者合理的薪酬问题。但是根据最新的报道，接受公共资金援助的美国有关金融机构，随着业绩的改善，又准备给予干部员工们巨额的奖金。

这种不公正的财富分配方式，通过社会监督、各国政府及有关机构的规范，虽然有了若干修正或纠正，但光凭这些，想从根本上解决绩效主义导致的等级社会的矛盾和不公平，是不可能的。

同时，前面谈到，针对次级贷款那样的金融产品，虽然加强了国际监督，通过完善法规加强了制约，但是，只要贪婪的欲望存在，只要追求投资高回报的投资者和投资机构存在，高风险、高回报的新的金融产品还会被开发出来并向全世界蔓延。

我认为现代资本主义的根本问题不是方法论的问题，归根到底是人的素质的问题。现在必须让资本主义向更有节制的方向转变。

为此，大家都在强调要完善机制，加强监管。但我认为，最重要的是：生活在资本主义社会的人必须具备正确的伦理观和道德观。资本主义应该是一个不只为自己，也要为社会追求利润的经济体制。

在以欲望为基础建立的现代社会中，我们应该怎样工作和生活，企业经营者要重新思考这一问题。这时，重要的就是"知足"这个观念。这点我曾经多次强调。

人类所持有的欲望，作为原动力，给人类带来了无止境的成长发展。但基于这种欲望的人类活动再继续下去，必将招致人类的毁灭。将人类的欲望向有节制的方向转变，一个必要的观念正是"知足"。

一开始我就提到，从人类发展史的观点来看，人类必须抑制过度的欲望，"有这个生活水平已经足够"，将成长发展控制在有节制的范围之内。否则，人类给地球造成的负担将超越允许的限度，现代文明就将崩溃，人类就将走向毁灭。

特别是，地球上 70 亿人口中的大部分属于发展中国家，这些人也要提高生活水平，今后也会以经济的高增长率为目标。他们要消费的资源、能源将有飞跃性的增长。

发展中国家的人们要求摆脱贫困，我们不能熄灭他们的希望之火。同时，要求发达国家的人们自动放弃富裕的生活也不现实。

但是，发展中国家的人们将要消费的资源、能源，与发达国家的人们消费的资源、能源相加，从地球资源有限这点上看，这种重负，地球无论如何也承担不起。

发展中国家和发达国家的人们要在这个地球上和平共处，并且要共同构筑能持续发展的社会，首先，以发达国家为中心，人们的意识必须朝着"知足"这个方向来一个大的转变，必须大幅度降低人们对资源、能源的消耗水平。

大量生产、大量消费、大量丢弃，这个现代社会的风潮必须从根本上予以矫正。通过技术革新，尽量降低消耗，同时开发高附加值的产品。整个产业和社会都要朝着这个方向进行重大的转变。

以"共生"观念和"利他"观念经营企业

企业经营也一样。我们不能否定企业需要成长发展，而只要努力钻研创新，企业总会有发展的机会。对于每个企业而言，不管处于什么样的经济环境之下，就像动植物在严酷的自然界中求生存一样，必须付出不亚于任何人的努力，自己才能生存下去。

但是，在努力经营企业的过程中，经营者不能只顾个人私利，必须考虑员工、客户、交易对象、企业所在的地区等，必须与企业的一切利害关系者和谐相处，必须以关爱之心、利他之心经营企业，这一点非常重要。

如果世界上大多数企业都能以上述关爱之心、利他之心开展经营，那么，就有可能修正资本主义前进的轨道，这种资本主义现在已经陷入"只要自己好就行""只要自己发展就好"的利己主义的泥潭。只要能矫正这种思想，世界经济的协调发展，今后就能持续下去。

今天，在资本主义的发展过程中，必须确立新的伦理规范，确立与周围一切事物协调一致的"共生"观念，确立让一切事物朝着善的方向发展的"利他"观念。

以上所说，是从人类历史、从矫正资本主义发展方向的宏观角度出发的，从微观上讲，企业经营也一样。

比如某位经营者有才能，很努力，从销售额不足 1 亿日元的小企业做起，逐步发展到销售额达到 50 亿、100 亿日元。如果这位经营者不知满足，一味追求个人利益，追求更加奢侈的生活，傲慢不逊，那么他终将走向灭亡。

这种现象可以说是古今中外的世间常态。只要看一看"二战"以后的企业经营史，就会明白"企业寿命就三十年"这句话是非常正确的。好不容易发展起来的企业，不久陷入衰亡，这样的事例不胜枚举。在企业经营的舞台上，这种悲剧的重演好比家常便饭，人们司空见惯。

这些企业经营者开始时也都认为"自己才不会重蹈那种覆辙呢"，在历尽艰辛、艰苦创业时，他们也鄙视那些获取巨额报酬的经营者的卑劣行为，但一旦自己功成名就，就开始无节制地追求金钱、名誉，骄傲自大，不久便走向没落。

"共生"观念

人们对自身的蜕变不易察觉。那些一掷千金的美国金融机构的经营者，最初也未必是贪得无厌的人，但因为他们缺乏明确的哲学，随着环境的改变，他们自己便堕落、变质。

必须竭力排斥自以为是、动不动就"我呀我"的利己欲望，必须让"为员工、为客户、为社会，愿他人好"这种关爱之心、利他之心占据自己的心灵。

基于这种美好、善良的心灵，加上拼命努力，那么，"要把企业做大""要更好地拓展事业"这样的愿望不仅能够实现，而且能与员工、客户、交易对象、股东、企业所在的地区等，即与企业的一切利害关系者协调一致、和谐发展，企业就能持续繁荣，经久不衰。

对于这一点，我自己有切身的体验，我举一个冲绳"赛罗拉"的例子。

我作为大和证券系列宾馆开业仪式的嘉宾，于 1975 年首次访问冲绳。当时冲绳给我留下了强烈的印象，冲绳是一个美丽的地方，有着独特的、优秀的文化。

但是冲绳有一段饱尝辛酸的历史。在江户时代，它受到日本萨摩藩的压榨。

尽管有这么悲惨的历史，但从当地的歌舞表演中可以看到，冲绳孕育了一种其他地区所没有的、独特的优秀文化。受到冲绳风土人情的触动，我甚至想："既然能孕育出如此有特色的、独特的文化，冲绳已经是一个优秀的独立'王国'了。"

对于拥有如此优秀文化的冲绳，我们萨摩藩却从政治上压迫它，从经济上剥削它。考虑到这段历史，作为一个具有萨摩藩血统的人，我有一种负罪感，我真想对它说一声"真的对不起"。同时我又有一种赎罪的心理：能不能用某种方式给冲绳以补偿呢？

抱着这种心境，1990 年，承蒙当时日本兴业银行特别顾问中山素平先生的关照，为了促进冲绳的经济发展，聚集了一部分日本本土和冲绳的企业经营者，成立了"冲绳座谈会"，我被推荐为会员。自那以后，我一直在考虑："为了冲绳的发展，自己该做些什么？"

据说日本经济界曾给予冲绳各种各样的援助，但事实上，仍然是冲绳的本土资本在为本地服务，并没有真正意义上的对冲绳的经济援助。冲绳人致富的事例极少。

为此，伴随 1986 年移动通信自由化的进程，除了首都圈和中部圈，在北海道、东北、北陆、关西、中国 [1]、四国以及九州地区，分别设立了相当于现在的 AU by KDDI 的赛罗拉电话公司。当时我特别提出在冲绳也设立单独的电话公司。

---

[1] 指"中国地方"，是日本一个区域概念，位于日本本州岛西部。——编者注

本来冲绳并非一个单独的经济圈，它只是九州经济圈的一个部分，在行政上，许多方面受九州的管辖。项目原计划将冲绳的业务置于九州赛罗拉电话公司的管辖之下。

但是，由于刚才提及的对冲绳的赎罪心理，同时通过"冲绳座谈会"，我一直在考虑能帮冲绳人做些什么，所以就产生了在冲绳单独设立公司的想法。

因此，在"冲绳座谈会"上，我提出了这个建议。我说："我现在正在全国各地设立移动通信公司，因为冲绳很像一个独立的国家，所以我打算不是把冲绳作为九州公司的一个营业地区，而是单独设立冲绳赛罗拉公司。冲绳经济界的各位朋友，你们愿意出资吗？"

建议提出后，冲绳经济界的朋友们都很高兴。他们说："从本国外地来到冲绳、真正替冲绳着想并做出提案，您是第一位。"以冲绳有代表性的企业为首，许多本地企业都出了资，冲绳赛罗拉电话公司正式成立。

公司成立时，虽然最大的股东、当时的第二电电（现在的KDDI）持股过半，但至少 40% 的股份由冲绳本地企业持有。

同时，公司董事会的组成，除会长和一名董事由第二电电派遣之外，社长以下所有干部都由冲绳本地人担任。

因为公司设立有这样一种背景，所以无论出资者、董事，还是冲绳赛罗拉公司的员工，人人意气风发："这是我们的公司！"

大家都全力以赴投入经营。

因此，冲绳赛罗拉创业以后快速发展，成为当地市场占有率第一的公司。公司业绩也顺利提升。

1997 年公司实现了上市。全日本赛罗拉电话公司共有 8 家，但上市的只有冲绳一家。因为公司设立之初，我就一心希望通过上市，让冲绳本地的人们感到高兴和满意。

现在，我只保留了冲绳赛罗拉公司的名誉会长一职，就连母体KDDI，我也已从董事会引退，仅保留最高顾问的头衔。但冲绳赛罗拉是一个例外，因为冲绳的各位恳请"无论如何希望稻盛先生保留董事一职"，所以我想，只要健康状况允许，我将不辜负大家的期望。我仍担任名誉会长一职，不收取任何报酬。

没有丝毫个人的打算，从产生"为冲绳本土出力"的想法开始创业，公司经过多年经营，给许多人带来了幸福，这是我最开心的。因为我切身感受到，从为冲绳人做贡献这一纯粹的、善良的愿望出发，从温柔的关爱之心出发，我把这种心情传递给对方，因而诞生了一个全新的、理想的世界。

"利他"思想

这样的事绝不仅限于冲绳赛罗拉。以"盛和塾"为中心，世间有许多经营者给我发来了感谢信。信中说："如果只以私利私欲经营企业，我的企业恐怕早就倒闭了。多亏稻盛先生的教导，一旦开始以利他之心经营企业，公司的发展就越来越顺利了。"

其实，利他是最强有力的。让对方高兴，与人为善，这样的行为最终一定会带来成功。这是这个世界俨然存在的真理。为什么会产生这样的结果？因为利他的行为会让我们获得超越自己的伟大力量。

让对方生存、帮助对方、为对方好，如能具备这种美好的关爱之心、利他之心，一种超越自己的伟大力量就会自然地注入。自己想"如能这样该多好啊"，但结果却比你想象的更好，好像成功从对面向你走来一样。

这一点我希望有更多的人能理解、实践。同时，专注于利他，全身心投入，还能引发创造力。努力利他，就会产生灵感，使"思想闪光"，能够做别人从未做过的事业，并取得卓越的成功。

这样的事，我曾引用"智慧宝库"这一词语来表达。这个宇宙中有一个地方应该被称为"智慧宝库"，那里隐藏着取之不尽的智慧，如果能将其引发，就能获得创造的灵感和思想的闪光。

爱迪生等伟大的前辈们为人类开拓了新世界。在回顾他们的功绩的时候，我不禁想到，他们就是把从"智慧宝库"中获取的智慧作为创造的源泉，把类似"神业"的高度的技术和发明带给人类，从而促进了文明的进步。

我自己也一样。当我处于忘我的状态，为员工、为客户，一心不乱、全神贯注地投入研究开发的时候，当我为世人、为社会开拓新事业的时候，我也在无意中触及了那宝库中睿智的一端，或是开发出划时代的新产品，或是使事业获得巨大的进展——我不由得产生了这样的想法。

就是说，打开"智慧宝库"大门的钥匙，就是愿他人幸福的关爱之心、利他之心。

希望各位经营者竭力排斥"只要自己好就行"的利己之心，在关爱心、慈悲心、利他心的基础上努力奋斗，让员工、客户、交易对象、企业所在的地区，让企业周围所有的人获得幸福，要抱着这样的信念去经营企业，勇往直前。

今天，当我们俯瞰人类历史的时候，当我们展望人类未来的时候，要想象光明的前景已很困难，然而，不管对未来的预测多么暗淡，只要我们还是经营者，我们就有使命，就要让与企业有关的所有人得到幸福。不仅如此，作为企业经营者，除了对自己的公司负责，我们还承担着为社会做贡献的崇高使命。

我们企业经营者平日里受外界因素的影响，不得不面临各种各样的经营课题，我们必须时时掌握好经营之舵。而通过艰苦努力获得的利润，我们还要拿出很大一部分缴纳法人税。

这个法人税占了日本税收的 1/4。另外，伴随企业活动，通过买卖交易要支付消费税，受雇员工要支付所得税，将员工支付的消费税考虑在内，可以说，国家财政的大半掌握在企业的手里。

企业创造的财富由国家和地方自治体征集，然后再分配，这样，现代的经济社会才得以成立。就是说，由于企业的存在，由于经营者的辛勤劳动，现在的经济社会才能发挥它的效能。

另外，还有就业的问题。据说日本的就业人数为 6300 万，其中大中小企业雇用的员工超过了 4000 万。就是说，通过雇用向人们提供生活食粮的，主要是企业。

同时，在日本约 421 万家企业中，99.7% 是中小企业。考虑到这一点，以中小企业为中心的企业经营者支撑着国家和国民，这样的说法并不过分。我们要有这样的认识和自觉，满怀自豪感，挺起胸膛，堂堂正正地经营企业。

我们承载着社会的期望，担负着重大的责任。意识到这一点后，即使付出比常人加倍的辛劳，我们仍然要诚心诚意、竭尽全力，把企业经营得有声有色。

经营企业不是为自己，而是为社会，这种高尚的行为让我们感觉到自尊和自豪，一定能给予我们克服困难的勇气。

对于这一点，我也有切身的感受。

在 50 年前、我 27 岁时创建了京瓷公司。从赤手空拳创业一直到今天，幸运的是 50 年里从未出现过一次赤字，公司一直顺利地发展壮大。

这期间，日本经济遭遇了石油冲击、日元超级升值等多次危机，但是，不管经济危机的风暴刮得多么厉害，我们只顾埋头苦干，付出了不亚于任何人的努力，同时不间断地钻研创新，精益求精。

我为经营备尝辛酸，付出牺牲，而这么做的结果，不仅让员工及其家属获得了幸福，而且为京瓷工厂及事务所所在地区的振兴做出了贡献，同时还为日本经济的成长发展承担了相应的责任。我想，我为国家的繁荣、国民的幸福做出了微薄的贡献。

想到这一点，我觉得我付出的一切辛劳都获得了回报。我们为社会、为世人做出了贡献，意识到这一点，过去的所有苦劳都转化成了无上的喜悦。

刚才提到获取巨额报酬的美国经营者的贪婪问题。我认为，能够为这么多的人做贡献，从中得来的"喜悦"才是经营者所能获得的最高的报酬。

我今天的讲话，一开始就从人类史的角度，俯瞰了迄今为止人类发展的历程，并对人类的未来做了相当悲观的预测。但是，看透这个严峻的现实，我们清醒地认识到，我们人类必须改变自己的生存方式，培育今后人类应该具备的高尚的心灵，构筑新的伦理观、新的道德观，把人类从毁灭的边缘拯救过来。对这一点，我具有强烈的信念。

从这个观点出发，2009年9月底，《对话稻盛和夫：人的本质》这本书将在日本出版。这是由我和宗教心理学家本山博先生对谈形成的一本书。书中谈到超能力等有关人的灵魂的话题，但对谈的基本思想同今天讲话的精神相同，目的都是为处于闭塞状态下的人类开辟新的活路。为此，利他之心，或者说"爱"是必不可缺的。

离开经营一线后，我考虑自己该做的，就是包括上述事情在内的社会启蒙活动。但是，站在一线指挥企业活动的经营者们，你们必须做的是，在你们各自的企业里确立正确的伦理观、道德观，把你们的企业做好、做强、做长久。

我们的思维方式、姿态、行为应该成为社会仿效的榜样。为此，我们一定要把企业经营好，我们要度过一个有意义的人生。

我们只是一个中小企业的经营者，但只要我们将正确的经营观、正确的人生观贯彻始终，我们就能成为世人的榜样，成为优秀的领导者。

我们应该成为包括我们所在地区在内的人类社会的领导者，我们的言行举止，应该与我们作为领导者的身份相符。只要大家按照我今天讲话的精神去做，我们就能成为受人信任、受人尊敬的人格高尚的人。为此，我们必须坚持不懈地努力。

现代社会已经弃之不用的"死语"，即"利他"这个词，在我们盛和塾里，不仅被频繁使用，而且我们许多塾生实际上正在用"利他心"经营企业，度过人生。而这些优秀的塾生参加的这个集会，气氛和谐，真不愧是一个"心灵之友"的集会。

但这又不是一个单纯的友好团体。在亲切友好的气氛中，塾生们互相切磋，研讨经营的真谛。而在当前经济萧条的情况下，许多企业提升了经营业绩。

据初步统计，如果把我们塾生企业的销售额合并计算，已经达到 24 万亿日元。从这个意义上讲，我们是一个具有传奇色彩的团体，是一个了不起的经营者的集团。这个集团不仅可以成为日本企业，而且可以成为全世界企业乃至整个人类的模范。这样说我想是不错的。

事实上，我们所信奉的"经营的真谛"正在受到全世界的关注。

2009 年 6 月上旬，我在中国最有代表性的大学——清华大学和北京大学做了演讲。听众远远超过会场可以容纳的人数，有的人坐在会场的过道里，有的人干脆站着，有的人在别的教室里通过视频倾听我的演讲。

在清华大学，我以"把萧条当作再发展的飞跃台"为题，讲述了克服经济萧条的思路和具体方法；在北京大学，我以"经营为什么需要哲学"为题，讲述了企业经营中哲学的必要性，以及企业应该具有什么样的经营哲学。

坐满会场的全体听众自始至终专心听讲，认真做笔记。讲演结束时掌声雷动，许多听众拥上讲坛同我握手，要求签名，挤得我无法动弹，最后靠保安疏导才离开会场。可见欢迎场面的热烈。

据说，中国正在对一味模仿美国式经营的做法进行反省。北京大学国际 MBA 学院的院长说："中国过去一直在仿效美国式的经营，但经过这次金融危机，正在考虑转变方向。重视中国古典文化、崇尚人的精神品格的稻盛式经营，值得学习。"

同时，在中国，我的著作正在成为畅销书，多次再版。这次我在中国时，多家出版社接连来访，争相出版我的著作。我的几乎全部著作今后都将在中国翻译出版。

另外，这次讲演之余，我还接受了中国著名媒体的集中采访，特别是中国第一的网络视频，据说它的点击量一天达到数亿人次，通过这家网站播放的我的采访实录，向全中国传递了我的经营哲学。

可见，我的经营思想现在在中国受到了广泛的关注。我还接到许多人的邀请，他们希望学习我的经营思想和方法。中国已有好几个地方希望成立盛和塾。

因此，这次有许多中国的朋友来到会场，与日本塾生一样，深入学习企业经营的真谛。

不限于中国。发行228万份、全美第一的美国主流报纸《今日美国》4月20日以"日本人批判资本家的贪婪"为题，大幅刊载了对我的采访，并配发了照片。内容就是督促美国式经营修正它的轨道。该报道一时成为热门话题。

另外，2009年5月，在夏威夷檀香山的市民论坛上，同在日本一样，我发表了题为"人为什么活着"的演讲，强调了我一贯的观点："人生的目的在于提高心性。"这次演讲聚集了很多听众，不仅有日裔，还有夏威夷当地的居民，他们都深受感动。

再则，到2009年11月，法国将有一个世界性的论坛，我准备去接受"世界企业家精神奖"。这是为表彰全世界创业者中具备企业家精神、实施社会正义的企业家而授予的奖项。

在全球经济萧条的背景下，全世界都在思考"真正的经营是什么"，中国、美国、欧洲都在关注并赞赏我们所倡导的利他的经营哲学。

面临空前的经济萧条，人们要问的，不是经营的手法、手段问题，而是"正确的经营应当是怎样的"这个最基本的问题。其中，能够引导企业长期稳定发展、能给世人和社会带来幸福的真正的经营哲学，受到了全世界的好评。

今天，我就"当代经营者应该成为怎样的人"这个题目谈了我的想法。现在，人类应该是怎样的、资本主义应该是怎样的、经营应该是怎样的、经营者应该是怎样的，这些问题遭到了根本性的质疑。我认为，我们已经站到了时代巨大的转折关头。

如果不加反省，在放任自身欲望的基础上持续人类的活动，那么由人类构筑的现代物质文明以及曾给人类带来繁荣的资本主义，都将自行毁灭。

今天，不只是经营者，包括生活在现代社会的每一个人，都面临同一个问题：是选择满足自身欲望的利己的人生观，还是选择关爱及同情，即利他的人生观？

我们不知道当前的经济困境将持续到什么时候，但是，盛和塾的各位企业家们，不管遇到什么困难，我们一定要做出最大的努力，让企业稳定，同时给周围的人带来幸福。

我相信，这种思想和行为，不仅可以让大家"提高心性，拓展经营"，而且可以改变世界。我祈愿聚集在此的所有经营者都有光明的未来。盛和塾第 17 届全国大会的讲话到此结束。

谢谢大家静听！

第四章 ／ 盛和塾塾生心得

稻盛成功方程式的启示

日本著名企业家稻盛和夫先生，总结出一个"人生和工作结果的方程式"，有时也称"成功方程式"。我认为这不但是经营学而且是哲学领域的重大发明，几乎适用于所有人，同许多自然科学的方程式一样，应该成为人类共有的宝贵财富。请允许我首先来介绍这个精彩的方程式。[1]

成功方程式

人生·工作结果 = 思维方式 × 能力 × 热情

或者表达为：

成功 = 人格·理念 × 能力 × 努力
　　　　−100～100　　0～100　　0～100

---

[1] 本节由稻盛和夫（北京）管理顾问有限公司董事长曹岫云先生的演讲汇编而成。

我们且把"人格·理念""能力""努力"称作成功三要素。

这个方程式中的"能力",按稻盛先生的解释,主要指先天的智力和体力,包括健康、运动神经等,既然是天赋条件,自己就无法负责。这种"能力"有个人差,用 0 到 100 分来表示。

"努力"(或称热情)也因人而异。从饱食终日、无所事事的懒汉到忘我工作的模范,其努力程度也用 0 到 100 分来表示。但这个"努力"与前述"能力"不同,不是先天的,可以由自己的意志决定。

稻盛先生举例说,一个天资聪颖又很健康的人,"能力"可打90 分,但他若自恃聪明,不思进取,"努力"只能得 30 分。那么两者之积:90×30=2700 分;另一个人天赋差些,"能力"只评 60 分,但他笨鸟先飞,特别勤奋,"努力"可打90 分,这样他的乘积为:60×90=5400 分。后者得分比前者高一倍,就是说,天资一般但拼命努力的人,可以比天资优良但不肯努力的人,取得大得多的成就。我们周围很多人就是这样的。

然而,三者中最重要的是"人格·理念",它是矢量,有方向性,从负 100 分到正 100 分。一个人能力越强,热情越高,但如果他一味地以自我为中心,损公肥私,损人利己,或者哲学反动，那么他的人生就是很可观的负数，并可能给他人、给社会造成很大的损害。这样的例子，古今中外屡见不鲜。

稻盛说，"能力"和"努力"的重要性众所周知，但人生道路上最重要的"人格·理念"，即哲学，令人遗憾，几乎所有的人都不太明白。我再加上一句，几乎所有的人都不求甚解。

看看社会上腐败现象层出不穷，看看那些才智过人却并无出息或者昙花一现的人，就晓得稻盛先生说得多么正确、深刻、一针见血了。

几点说明

对上述方程式有几点还须加以说明。

·"人格·理念"的含义

日文叫"考方"，直译为思维方式，可分为两个侧面。

一个是人格的侧面。正面的如公正、诚实、开朗、勇敢、谦虚、善良、克己、利他等；负面的如不正、伪善、卑怯、傲慢、任性、浮躁、嫉妒及以自我为中心等。

另一个是科学的侧面，就是"认识论"。实践、认识、再实践、再认识之循环。由五官从外界收集各种必要的信息，用头脑加以分析，从复杂现象中导出事情的本质，据此制订计划，然后实行。在实行过程中继续收集信息，再分析，并对照计划，做必要修正，然后再实行这样一个循环。简单讲就叫"实事求是"。先是正确认识事物，然后是拿这个正确认识去改造事物，或创造新的、美好的事物。

人格侧面和科学侧面相辅相成。

稻盛说："充满利己的心目中，只呈现复杂的事象、利己的动机，势必模糊问题的焦点。"

现实生活中常有这样的事：有时候事情本身很简单，但因为当事人有私心，又要掩饰，掩饰私心，掩饰真相，事情就会复杂化，真相变得扑朔迷离，叫人弄不清，人际关系也因此复杂起来，变得棘手，难以处理。因此，一个人格高尚、心地纯洁的人，不受私心蒙蔽，就容易看清事实真相，看出事物规律，并勇于按事实、按规律办事。就是说，只有人格高尚的人才能始终实事求是；反过来，只有坚持实事求是，才能保持或提升自己的人格。

·成功三要素之间为什么是"相乘"而不是"相加"

这里有一个"相乘效果"的概念。就拿稻盛为例，天资自然极高，给100分未尝不可，但若考虑健康和体力的因素，"能力"姑且打95分；他自始至终有燃烧般的工作热情，"努力"该打满分，即100分；他是优秀的企业家兼哲学家，但考虑到哲学还要发展，"思维方式"也打95分吧。如果三者关系是相加，总分不过95+100+95=290分，不能突出他同我辈凡人的差距。如果是相乘，95×100×95=902500分。这样的结果符合客观现实，稻盛的成就与常人比有天壤之别。他的企业集团2009年的销售额超过4万亿日元（约3000亿元），是天文数字。

相反的例子是希特勒。

"小人无过人之才，则不足以乱国。"世界上没有比心灵扭曲的"天才"疯狂努力所造成的后果更可怕的东西了。

另外，如果是相加，智力一般而加倍努力的人，往往超不过聪明但懒惰的人。换言之，这表明"富贵在天"，努力的作用不大。这不符合事实。若真如此，兔子和乌龟赛跑的寓言就失去了教育意义。

·三要素中哪个最重要

"能力"和"努力"的重要性，连小学生也懂，但"人格·理念"的决定性作用却常受忽略。因它有正负之分，对结果而言最为重要。稻盛先生用他的亲身经历做过说明。

稻盛大学毕业找工作，到处受挫。当时的日本，没后台，没后门，有证书也很难就职。屡屡碰壁之余，不免自暴自弃。他想既然这个社会如此不公，穷人得不到照应，没有出路，不如投身黑社会，或当个"义贼"算了（中国叫劫富济贫的绿林好汉）。他说："如果当时我真的参加了黑社会，或许就成了略有名声的黑帮头目。因为我有不亚于他人的热情，也并不缺少能力。但这个想法是反社会的，若真跨出那一步，我的人生必将呈现很大的负值。"

一个才能出众而又不懈努力的人，可以积聚很大的能量，但这些能量如果没有人格来管束，可能会制造灾难。如果把能力与努力之积比作巨轮的发动机，那么人格就是巨轮之舵。巨轮是乘风破浪，驶向成功的彼岸，还是倒行逆"驶"，冲向冰山暗礁，关键全在控制方向的人格之舵。

·"人格·理念"是变数

它既能变好也能变坏，既能提升也能下降。"听君一席话，胜读十年书"主要指受人影响，"人格·理念"快速提升。我们看到许多高官落马，他们能走上高位，说明并非一开始就是坏人、有坏思想。大凡这类人有能力，肯努力，会办事，贡献比常人大，因此很容易脱颖而出，地位上升，于是权力大了，威信高了。所有这些既可拿来作为做出更大贡献的资本，但在制约缺失时，又可用来为非作歹。此时他们就来到了常人不遇的风口浪尖。如果人格动摇，一念之差，就会一落千丈，从功臣变罪人。因此，一个有本事的人，尤其是在有了权威，春风得意时，特别需要注意以下几点。

第一，谦虚精神。正视自己的种种局限、种种弱点，谦虚使人进步。把自己的身份放低，大海在位低，百川流向它。

第二，感激心态。自己再有能耐，毕竟孤掌难鸣。机会是别人给的，没他人协助，一事无成，所以理应心存感激，乐意将利益、名誉乃至威信，与人分享。

第三，知足意识。人有私欲，不能否定。但听任私欲膨胀就不正常，必然会危及他人，危及组织，害了自己。"良田万顷，日食一升；广厦千间，夜眠八尺。"知足是睿智。与其追求虚荣，过度挥霍超过实际需要的物质财富，不如获取精神的满足和心灵的安宁。这才接近真正的成功和幸福。

这些无非都是理念的提升。

·怎样提升"人格·理念"

我们晓得了"人格·理念"的重要性,但怎样才能提升自己的人格和理念呢?

稻盛先生说,学习先贤们有关做人的道理,是很重要的。我们也多少拥有这方面的知识。但把圣贤们的教诲仅仅作为知识来理解和记忆,并没有多大的价值,必须用它们来诫勉自己,提升自己的人格。

学习不可能一蹴而就,必须反反复复才能见效。运动员必须天天锻炼才能保持和增强体能。通过学习提升理念一事,更是如此,稍稍懈怠,立即降归原处。

其次是反省,反省自己的言行是否有违为人之道,如果有错,马上纠正。正如人的面孔会沾上灰尘,需要天天洗脸一样,人的心灵也会蒙上污垢,需要天天反省予以净化。人是血肉之躯,一不小心,就会屈服于本能的欲望,屈服于周围的环境,脱离正道。

学以致用,从知到行,从理论到实践,这中间需要一个能动的飞跃。这种能动性本来是人类特有的潜质,但是如果不发挥,一切无从谈起;如果不持续发挥,一切都会半途而废。

稻盛先生说："回顾自己人生的每一天，其实就是通过经营实践，不间断地提升理念的每一日。"

总之，"实践＋学习＋反思"才能有所领悟，才有可能进入哲学的境界。

强调高尚人格，强调提升理念，并把这作为成功的第一要素，乍看似乎近于迂腐，但其实这才是我们摆脱烦恼、将人生和事业的危机防患于未然的最好也是唯一有效的办法。除此之外，还能有什么良计妙策呢？

·三要素之相互关系

在成功三要素中，稻盛先生把"能力"定义为以先天因素为主，这是有道理的，也便于解释，便于同"努力"是后天的人为因素这一概念相对应。但我们实际上讲的能力，比如语言能力、作文能力、经营能力等，是可以经过训练，或者说后天的努力来提高的。就是说，人的"能力"中，有即使努力也提高不了的、先天的部分，也有经过努力可以提高的、后天的部分。

另外还有所谓"潜在能力"的说法。就以学开汽车为例，我50岁才学会驾驶汽车。如果说20岁可合法学开车，那么这

30 年间，我虽然没有开车的实际能力，但我身上却一直存在着开车的潜在能力。

经过两个月的训练，这种潜在能力变成了实际能力，或者说"显在能力"。如果我不努力，或怕出事故，或认为驾驶员有八九个，当头头的大可不必亲自开车，如果我这样想，那么我就不会主动去学，就永远不会开，开车这种潜在能力最终将同我的身体一起埋葬。学游泳，学外语，甚至经营企业等也一样。人有许多可以开发的潜质。几乎人人具备，并不要求特别的天分。话说回来，我虽会开车，技术却差劲，倒车特别蹩脚。我成不了赛车手。当赛车手，特别是要当赛车冠军，那是少数或个别人才有的天资。我的潜质中缺乏这种天资。不过我能自己开车上下班，星期天不麻烦驾驶员，有时还可提高办事效率，达到这些目的就足够了。就是说"潜在能力"要变成"显在能力"这件事，或者说实际能力的提升，同"努力"和"思维方式"有关。

另外，"理念"正确，就能保持旺盛的"热情"，坚持不懈地"努力"；同时，努力工作，努力学习，也有助于提高心性。总之，"人格·理念""能力""努力"这三者既彼此独立，又互相影响、互相渗透。

对稻盛"成功方程式"的阐述到此告一段落。全文归结到一点，无非想说明"人格・理念"对人生、事业、社会的决定性作用。而我们大多数人却总是忽略这个真理。社会上一切乱象由此而生。

在通过光明大道到达巨大成功的实践中产生的稻盛哲学，包括这个方程式，不仅是经营者的无价之宝，而且不失为医治现代浮躁病的一剂良药。希望社会各界都有人来研究它。

把"利他之心"引进加利福尼亚

松井农园在美国加利福尼亚州从事兰花的生产和销售，员工190人，销售额约22.85亿日元，利润约1.76亿日元。

作为农业实习生赴美并取得美国绿卡的松井先生，于1967年以5000美元的资金开始种植菊花，以此为契机开始创业。他制订了成为菊花种植业中世界首位的企业的10年计划，占有了全美大轮菊15%的市场份额。石油危机后，松井农园转向种植比菊花更有发展前景的玫瑰，但在其走上轨道时，发生了劳资纠纷。虽然经过2年时间，问题得到解决，但由于不知自己错在何处，松井先生陷入迷惘。这时，松井先生接触到稻盛塾长的著作，认识到自己忽视了付出关爱。于是向员工逐一阐述自己的想法，并开展阿米巴经营进行挑战，通过经营数字的公开化，顺利实现了利润增长。后来，受到南美产廉价玫瑰进口的影响，他决定开始全年种植兰花，这在美国未曾有过。通过努力，松井农园在9厘米的小花盆中种植的迷你兰花在全世界畅销。

松井先生2007年在硅谷盛和塾开塾时入塾，如今虽然74岁了，但仍干劲十足，计划在经营一线干到 100 岁，他今后的目标是实现销售额 40 亿日元，利润 8 亿日元。

承蒙主持人介绍，我是来自盛和塾硅谷分塾的松井纪洁，今天能有机会在全国大会上发言，我感到非常荣幸。我将竭尽全力做好这次发言，请大家多多赐教。[1]

创业历程

1935 年，我出生在一个普通的农民家庭。高中毕业后，子承父业，成了一名农民。23 岁时，我结了婚，之后大女儿出生了。

那时，我对自己的生活不抱任何奢望。1961 年，我以农民实习生的身份去美国进修学习，那一年，我 25 岁。第二年 4 月，我完成了实习计划，重新回到奈良的乡下。然而，出于对加利福尼亚田园生活的向往，在回乡的那一年夏季，我只身一人回到了加利福尼亚，在一家菊园农场干活。出发前，我身上只有一张 1 万日元的纸币，根本买不起去加利福尼亚的单程船票，

---

[1] 本节由盛和塾（美国硅谷）塾生、松井农园社长松井纪洁 2009 年的演讲汇编而成。

买那张船票的钱还是到了当地之后才支付的。

几年后，通过申请，我拿到了美国的绿卡。之后，我把家人接到美国一起生活。从那时起，我妻子也开始打工，1小时工资85美分。就这样，我们开始有了自己微薄的积蓄。我是在1966年拿到绿卡的，就在拿到绿卡的第二年，我马上租了一块地，开始了菊花栽培。当时的投资只有5000美元，那是我们打工攒下的。

接下来，在1970年，我用3年积攒的4万美元做本金，在萨利纳斯（Salinas）郊外买了20公顷[1]的土地，又从银行贷款16.5万美元（当时的16.5万美元以现在的价值来计算将在100万美元以上）。我制订了自己的事业发展规划并将其数字化，我还拥有自己的战略目标：要将菊花栽培的规模扩展为世界第一！就在我着手实施"用10年的时间，建设总面积为13公顷的新温室"这一计划的时候，周围的人都在嘲笑我。不过，银行不仅赞同还支持我的计划，这就为计划的实施提供了资金上的保障。就这样，花10年时间建设总面积为13公顷的温室这一计划，在第10个年头成为现实。

那时，我脑子里描绘的菊花栽培战略是在一年的任何一个季

---

[1]　公制地积单位，1公顷等于1万平方米。——编者注

节，向市场大批量地提供高品质、大花朵的菊花。同时，我的销售策略是不以委托销售的价格，而是以直接交给终端用户的价格进行销售。另外，我还为自己制定了一个原则，那就是在一个城市只为一家花店供货，这是为了避免降价竞争。

在我制订的菊花10年发展规划实施完成之际，我已经占据了全美大花朵菊花15%的市场份额，并且控制着菊花的市场价格。就这样，我的菊花生意一帆风顺，超出了我的预想。在计划实施的第8个年头，我的事业已经发展到有能力购买私家飞机这一水平了。

但是，在20世纪70年代接近尾声之际，石油危机引发的通货膨胀日益加剧，大花朵菊花市场也开始疲软。为此，我迅速做出决断，将事业发展的重点由菊花转移到具有发展前景的玫瑰花上，并着手制订玫瑰花栽培的6年发展计划。有了计划之后，我马上雇用技术人员，开始了玫瑰花栽培事业。由于我在菊花事业上取得了丰厚的利润，所以，在事业转轨时我有充足的资金作保障。不过，玫瑰花不同于菊花，因为在美国国内主要城市的近郊，自古以来，就有专门从事玫瑰花栽培的大规模花园农场存在，它们已经控制了各个市场的经营主导权。

我在玫瑰花栽培事业上采取的战略是，利用萨利纳斯夏季凉爽的气候优势，将玫瑰花采摘上市的时机重点放在夏季，并开拓新品种玫瑰花的消费市场。我首先选择了新开发的"织女星"这一新品种玫瑰花，将其率先投放到市场上。我的市场策略一举获得了成功，在进入玫瑰花市场的头 5 年里，我大赚特赚，当然也缴纳了不菲的税金。就是在这个时期，我在加州佩布尔比奇的高尔夫球场上建起了带茶室的新居，飞机也换成了新型实用的机型。

工会冲击

然而，在这个世界上，你不可能总是一帆风顺。那是发生在 1984 年秋季的事。就在那几年前，在加利福尼亚，墨西哥人成立的农业工会[1]组织掀起了一场不小的波澜，这场波澜也给花园农场带来了影响。由于我支付给员工的工资比其他花园农场高出了 30%，所以，我认为他们绝对不会在我这里闹事。然而，对方却寻找借口，开始无理取闹。他们声称："既然你能发出那么高的工资，那你就还可以再多支付一些。"

这些工会分子试图剥夺经营者在各个方面的权利。例如，即使购买小型机器设备，也要得到工会的批准；雇用员工、解雇员

---

[1] 此处工会组织亦不同于国内企业的工会。——编者注

工就更不用说了，必须得到他们的许可，在他们看来，这是常识。

我自己也有过 1 小时赚 85 美分的农场劳动经历，我并非不能理解农场员工的心情。为了让我的农场员工们得到"物质和精神两方面的满足"，我给他们的工资高于其他农场 30%。即便如此，农场里依然旗帜飘扬，我真的顶不住了。我暗下决心，卖掉农场，洗手不干了。农场转让的大广告牌立在大门前，但是，由于农场已经被工会控制了，所以，根本无人问津。

就在这期间，我得到了这样一个消息：对方组织闹起了内讧，在竞争一把手的过程中，两名干部被工会扫地出门。听到这个消息后，我一下子就兴奋了起来，我马上雇用了他们中的一个，并琢磨着该采取怎样的策略，才能将工会从农场里驱逐出去。

结果是，在那两年里，工会组织只得到了廉价的劳动合同，为此，已经没有人再相信他们了。转年，这个工会组织被赶出了农场。然而，我们公司的经营赤字已经持续了 4 年。即便如此，由于我一直采取"水库式经营"，所以，在银行里，我还有 400 万美元以上的现金储蓄。我马上行动，用这笔钱买下了农场旁边的一块土地，开始增建温室。

受到工会问题的困扰之后，我一直在思考，我什么地方做得不妥？究竟是什么原因让这4年的光阴白白地流逝？就在这个时候，在东京，我与稻盛塾长的《提高心性，拓展经营》一书不期而遇。在飞回美国的旅途中，我将塾长的书仔仔细细、认认真真地看了两遍，还一条一条对照自身做了检查。

最初的项目我都合格了，然而，在"施爱"这一点上，我的做法并不得体。实际上，这20年来，我一直是罗大力俱乐部的会员，我给俱乐部的捐赠超出了我这样的会员的捐赠上限。我个人时间的1/3都用在和地方官员沟通交流、帮助他人上了。对我自己公司的员工，在金钱上我也毫不吝惜。但是，我的这些行为和塾长倡导的"施爱"还相差甚远。在我的所作所为之中，缺少的是爱。

那时，稻盛塾长的教诲让我认识到，对公司的墨西哥籍员工"施爱"这一点最为重要，但我没有做好。知错必改，回到公司后，我立即着手进行公司的组织改革，对于公司的几个主要主管以及科级负责人总共12个管理岗位，我都任命墨西哥籍员工担任。对公司的普通员工，我也开始要求自己大声、主动地和他们用西班牙语打招呼："你们好！""再见！"我的这些行动改变了公司的氛围，公司的利润率也得到了改善。就这样，我逐渐迷上了稻盛哲学，也养成了一个习惯：一有空就捧本稻盛的书读一读。

我引进的阿米巴经营变革，提高了农场内的工作效率。与此同时，为了减轻公司主管们的工作负担，我在公司内推广以五六人为一个工作小组、实行"计件工资制"的工作模式。这种工作模式和计时工资制相比，可以使工作效率提高20%。公司员工的工资增加了，农场里到处充满活力，一派生机盎然的景象。对采取计时工资制的公司职员以及采取周薪制的主管助理们的工作情况，我每年都做一次公开评定，将他们的工资薪酬全部予以公开，提高了透明度。对营业部门的人，我不仅采取了佣金制，还取消了他们工资的上限。另外，对公司的4名主管，我将他们的工资与他们各自的产量挂钩、与公司的净利润分配挂钩。这样一来，我的工资收入反而降到了公司的第8位。

进口玫瑰的侵袭

虽然工会问题得到了解决，但是，从1989年起，公司又开始受到来自南美的廉价进口玫瑰的侵袭。对此，我一方面改变了玫瑰花的销售途径，采取直销方式，利用快递将鲜花直接送到消费者的家中；另一方面，我还加强了攻势，向超市提供玫瑰花束。当时，超市的花束销售还是一个全新的服务项目，为此，我接到了大量的订单，但是，竞争对手们马上蜂拥而上，纷纷效仿。

这时，我不仅改变了玫瑰花的市场销售策略，还开发了对玫瑰花进行真空冷冻干燥保鲜的新技术。只此一举，我们便可以向日本、欧洲等市场大量出口经过真空冷冻干燥保鲜处理的玫瑰花，一举获得了巨额的收益。但是，经过真空冷冻干燥保鲜技术处理的玫瑰的经营也受到来自南美的价格低廉玫瑰的侵袭，那些价格低廉的玫瑰开始破坏我的市场。

从 1991 年起，来自南美的供插花用的"切花"进口急剧增加。在我们这座城镇共有 65 家从事鲜花栽培的农家，当时几乎所有的农家都被迫关门歇业。就在这个紧要关头，我手头还有数百万美元的股票和现金，手上有现金，我就有购置小型喷气式飞机的冲动。所以，我赶紧用手头的现金购买了土地。我的"水库式经营"主要是购买土地，因为土地不管在何时何地都可以用作担保。

后来，我用几年的时间收购了总面积 180 公顷的农业用地，在不久的将来，这些土地都将被用作城区开发用地。果不其然，几年后，正如当初预想，市政部门决定将那里开发成城区。现在，这些土地都有了买家，价格也涨到了当初的 10 倍。现在，我的"水库式经营"真可以说要冒顶了！

不过，由于我的鲜花生意还是以"切花"为中心，为此，我与那些来自南美、成本低廉的产品之间的竞争愈演愈烈。

1994 年，我着手准备进行第三次种植品种的转轨。

从现在算起，在 10 年前，在兰花栽培方面，美国还没有日本、荷兰那样的全年栽培技术。我认为，如果能引进兰花新品种和栽培技术，通过大规模栽培，将兰花的价格定在主妇们都能接受的程度，再加上有大店渠道能进行批量销售的话，美国这个巨大的兰花市场一定能开发成功。我下定决心，要让美国的家庭主妇们"养成用兰花装饰厨房的习惯"。

不过，若用一句话简洁明了地概括美国家庭的特征，毫无疑问，人们肯定会想到贫富差距很大。为此，我用大、中、小三个尺寸的花盆栽培兰花。与此同时，我还想方设法，栽培不同品种的兰花，扩大商品的选择范围，争取让所有人都买得起兰花。特别是我提案发明的栽种在 9 厘米花盆里的迷你兰花，冲破了当今世界经济萧条的局面，成为畅销世界的商品。

在全新品种的兰花即将上市时，定价是个让人头疼的问题。好在这时，我看到塾长《稻盛和夫的实学：经营与会计》一书中的一句提示：商品的价格应该是"顾客能够理解、乐意购买的最高价格"。我就是按照这一基准定价的，在成本的基础上提价 30%。

一般来讲，兰花这种植物从育苗到成为商品，平均需要两年的时间，不过，它的利润率也在上升。近年来我们公司的净利润率如下：2005 年为销售额的 23%；2006 年是 24%；2007 年的销售额为 2600 万美元，利润是销售额的 25%，达到了创纪录的 670 万美元。

但是，从 2007 年年初起，住宅价格开始以 15% 的速度逐年上涨。在我看来，"泡沫经济一旦崩溃，兰花也将滞销。"为此，我终止了所有的增产计划。另外，我调整了商品结构，在兰花栽培上，在增加了小盆兰花栽培的同时，我缩减了大盆高价产品的生产。虽然生产调整工作非常棘手，很费周折，但是，经过一番调整，我们的主打产品由平均零售价格为 20 美元的商品转变为平均 10 美元的商品。虽然我曾预计 2008 年的销售要比前一年减少三成，但是，由于经营方向的及时转换取得了成效，销售只萎缩了 16%。同样，我预计 2008 年会出现年度经营赤字，但结果是，我们还保住了 7.7% 的利润率。

从 2009 年 5 月起，席卷世界的金融危机开始出现了一丝曙光，为此，我重新启动了兰花栽培的第三次计划。本次计划的轮廓是：加快旧温室的改造，3 年后将年产量一口气扩大到 550 万盆，年销售额达到 4000 万美元，净利润增加到 800 万美元以上。为了实现这个目标，现在，我们开始在纽约南部建设兰花开花用的温室。我们将半成品送到那里，让兰花在那里开花，借此举措积极开拓东海岸市场。"危机就是商机"，我在实践塾长的教诲。

另外，不仅仅是在美国从事兰花栽培，我还要将兰花栽培事业的影响扩展到全球范围。我提出了一句口号："21世纪是兰花的世纪。"2007年春季，在中国台湾地区，"国际兰花栽培者协会"宣告成立。我被推举为该协会的第一任会长，任期3年。为了世界兰花栽培事业的发展，我怀揣一颗"利他之心"，花费时间和财富，全身心地投入这场事业之中。

现在，我们公司的规模是这样的：总土地面积216公顷。不过，其中2/3扮演着"水库式经营"中"水库"的角色，我把这些土地出租给蔬菜农家，等待将来的住宅开发。温室的总面积是30公顷，约为东京巨蛋的6倍。在栽培面积方面，兰花的栽培规模已经达到世界第一，产量约占加利福尼亚州总产量的一半、美国国内总产量的20%。公司现有员工190名，资本金114万美元，股东只有我一个人，公司一贯实行无贷款经营。

实践利他哲学

15年前，为了在死后不留纠纷，我写下了遗书。我的兰花栽培事业是从 1998 年开始的，那时我 63 岁。30 年前，我的大女儿从乡下的高中考入了哈佛大学。我对下面的三个孩子宣布："不能上哈佛的就来当种花的继承人。"也许是为了不让"悲剧"发生在自己身上，4 个孩子都从哈佛毕业了。为了给继承人留下这份工作，从那时算起，已经过了 30 年。现实中，我自己在继承自己的事业。由于我让孩子们都从事自己喜欢的工作，所以我很自豪，我"为孩子尽了爱心"！

我了解到，稻盛塾长投入自己的万贯家财，于 1984 年成立了稻盛财团。孩子们大学毕业后，我深感，大学教育原来有如此高的经济效益呀。我终于明白了，美国孩子们的将来是由其在大学接受教育的过程中决定的。另外，在我们这个人口近 50 万的蒙特雷（Monterey）市，拉丁裔占到了人口的一半，暴力团远近闻名。为了改变这个现状，新产业的开发以及作为新产业开发根基的人才培养，特别是大学教育的普及成为一个先决条件。虽然我并不像稻盛塾长那么有钱，但我在自己的遗书中公开表示："在我死后，我的遗产将全部用来资助本地区的贫困孩子接受大学教育。"之所以这么做，是因为我想实践"利他之心"这一塾长的谆谆教诲，哪怕是一点一滴也好。为此，5 年前，我成立了"松井财团"，目前暂将公司每年利润的 10% 捐献给该财团，开始用于大学奖学金制度。

松井奖学金每年支付给每个受助学生 1 万美元，为期四年。有了这份总额为 4 万美元的资助，即使没有家庭援助，受奖学生只要再打点零工，就可以支付到公立大学毕业为止所需的教育费用。

5 年前，奖学金制度开始实行时，只奖一名学生。2009 年已经增加到 18 人。在这 6 年里，受奖学生达到 60 人，我已经捐献了 224 万美元用作奖学金的基金。但是，我的这个松井奖学金将来的基金来源，主要靠现在我手上的 180 公顷土地和我的农场，总金额能有 1 亿美元左右。我想，在今后的 25 年里，至少可以资助 2500 名贫穷孩子踏进大学的校门。

从钱上看，我为社区的捐赠算不上多。不过，这些钱是我的全部家产，是我用毕生心血换来的。我想，将自己的所有财产全部捐献给社会，才是我奉献的意义所在。

我不给自己的孩子和孙子留 1 美元财产，我要用从塾长那里学到的"利他"的思想代替金钱财富，作为"遗产"留给我的子孙。我想留给他们的是：当一个人有能力帮助他人时，就要为那些不幸的人尽心尽力。这一点非常重要。

2007 年，硅谷成立了盛和塾分会，我马上就加入了会员的大家庭。聆听塾长的教诲，和其他会员探讨经营问题，让我忘却了时间的存在。过去，我只是在书本中追寻塾长的足迹，领会塾长的思想。和那时相比，现在是何等的幸福啊。另外，从

2008 年起，我开始出席盛和塾全国大会，在这里，我亲身感受到了 2500 名会员的炽热之心。

另外，2008 年亲自出席硅谷分会开塾典礼的塾长还来到我的兰花栽培农场。塾长和随行的塾生们一起，通过温室的中央通道观赏我的兰花。那时，他问我："椅子中间的过道可以进去吗？"我连忙回答道："当然可以。"于是，塾长一个人径直走了进去。他手捧着兰花，说："我要捧在手里仔细观察……"就在那一瞬间，我脑子里炸响了一片霹雳！我感叹道："付出努力、深入经营的各个角落认真观察，才能成为一个真正的经营者。"

今年我不过 74 岁，我要在现在的工作岗位上干到 100 岁。我想，我们盛和塾的塾生们必须成为历史的见证人，我们要向后人更广、更深、更远地传播塾长的教诲！

在此，我要向塾长表示衷心的感谢，今后，还恳请塾长多多指教！

稻盛和夫点评
践行利他经营，收获巨大成功

实施周密的长期计划

松井先生出生于奈良的农村，是农家子弟。高中毕业后，继承家业，在田间劳作；结婚后大女儿出生，松井先生觉得继续留在日本没什么前途，于是把目光投向美国的农业；25 岁时，以农业实习生的身份赴美；自那以后直到今天，约 50 年间，在美国这片土地上打拼，获得了了不起的成功。

松井先生身揣 1 万日元的纸币一张，背水一战，奔赴美国，由此起步，获得了卓越的、巨大的成功。其中的精彩故事，甚至可以汇编成书。您的发言，感动了大家，让大家受益匪浅。

听您的发言，我感觉到，松井先生原本就是天才。在美国干农活，时薪 85 美分，你们夫妇俩用一点一点积攒的钱，开始了菊花的栽培。让我惊奇的是，从事业一开始，你们就制订了 10 年计划。

周围的人都认为，这样的计划很难实现，但银行却认可了这项计划，并给予贷款。制订缜密的计划，整整 10 年时间，按照预定的计划，如期推进并出色完成。我觉得您的这种才干实在是太厉害了！

在这一点上，我也自叹不如。我经常对塾生说"长期计划不能搞"。那是因为我自己做不到，所以才这么说。但是，松井先生居然能看透 10 年后的景象，并据此制订计划，逐步推进。您有着周密的计划性和惊人的企划力，还兼备不达目的誓不罢休的、坚定的决心。

最初是栽培菊花，菊花市场逐渐低迷后，又改种玫瑰。同样，栽培玫瑰时，也做好了长期计划，并按计划实行。

玫瑰的需求下降后，又转种兰花。同样也制订了周密的计划。当时，您还去往兰花栽培的圣地——荷兰。因为来往荷兰太频繁，以致连护照都被弄得皱巴巴的。

松井先生总是首先制订计划，接着拼命学习，花费 10 年功夫，一心扑在栽培上。菊花、玫瑰、兰花，虽然都属于花卉栽培，但每一次转换方向都能制订周密的计划，并按计划付诸实行，这一点真的太了不起了。

一人独挑工会

另外，松井先生的公司一度被加州地区的墨西哥工会弄得一团糟，但是您的厉害之处在于，聘用了因为内讧被墨西哥工会除名的工会干部，反过来把无理取闹的墨西哥工会逐出了公司。

这样的智慧，一般人是不具备的。了解工会内情的人，变成了您公司的干部，献计献策，对付外来的墨西哥工会。这一招最终获胜，墨西哥工会卷铺盖走人了。

这引起了我的联想。这件事情发生得要比松井先生的经历早很多。京瓷刚在圣迭戈成立工厂时，美国汽车产业大型组织"卡车司机工会"想要在京瓷工厂成立工会。于是工会的专业干部蜂拥来到圣迭戈。

每天上下班，工厂的停车场里都会来很多工会干部，他们劝诱工厂工人设立工会，与日资企业的经营者进行集体谈判，借以提高工人们的待遇。

一直以来，我都对员工进行京瓷哲学的教育。这时，我指示美国公司的干部，要求他们和员工好好交流，让员工不要动摇。当然，我自己也飞至美国，和员工谈话。美国卡车司机工会花了半年左右的时间，呼吁组织工会，因无人响应，最后只能放弃，撤退了之。

京瓷的美国公司虽也遭遇过工会危机，但因为有用哲学武装起来的员工在，所以工会至今没有成立。但发生这件事时，我们的公司已成规模，能应对情况的干部也很多，但松井先生您只身一人，当时一定吃了不少苦头。所以，听您讲到与工会周旋的故事，我感同身受。

没有市场时，如何定价

松井先生的讲述中很值得参考的，还有兰花的定价问题。

松井先生虽然开始了兰花的买卖，但在当时的美国，兰花是一种全新的产品。在没有市场的情况下，该如何定价呢？这个问题让您烦恼不堪。

这时，您参考了我的定价方法。从《稻盛和夫的实学：

经营与会计》一书中，您学到"要设定顾客能够接受的、乐意购买的最高价格"。您使用该方法为兰花制定了价格。

也就是说，在美国，兰花的销售没有先例，谁卖、卖多少钱，没有可比较的对象。要在一片空白处，完全靠自己设定价格。到底怎么定价呢？这时您参考了我的方法。如今，兰花栽培业务大获成功，实现了 25% 的高利润率。

我当初的情况是，刚创业，就进入了精密陶瓷这个无人踏足的领域。因为没有可以参考的对象，所以在定价方针上，我就产生了那样的想法，就是"设定顾客乐意购买的最高价格"。

诸位也是，做别人从未做过的事业，起初必定会碰到定价的问题。如果定价不当，看似成功，因为薄利多销，虽然忙碌，经营却不顺畅。这个时候，像松井先生一样，参考我的定价方法就很有用，希望大家务必借鉴。

觉醒真爱

松井先生来日本时，看到了我的书，开始阅读，并且想将

"利他经营"运用到自己的企业中去。

其实，松井先生很早以前就加入了扶轮社，参与慈善活动，捐款的金额达到了扶轮社会员捐赠的上限。同时松井先生还腾出自己的时间，从事扶轮社的各项活动。但是，所有的这些活动中，缺乏的是真正的"爱"。

松井先生意识到，做慈善事业虽然表面上很光彩，但并没有融入真爱。于是，松井先生首先在自己的公司里，开始怀着真爱与员工交往。

过去，公司没有提拔过墨西哥人当干部，现在就培养他们当干部；同时改变公司氛围，促使员工发自内心、积极主动地投入工作。

凭借自己天生的卓越才能，松井先生把公司经营得有声有色。后又接触到我的思想，吸取其中的精华，使公司的发展又上了一个台阶。

而且，松井先生的四个孩子都已从哈佛大学毕业。因为没有后顾之忧，松井先生就把自己累积至今的所有财产，作为奖学金，捐给了加利福尼亚州萨利纳斯的孩子们，并且决定，今后自己的所有遗产也都用作奖学金的基金。这是多么让人钦佩的行为啊。松井先生活出了一个理想的人生。

更让人吃惊的是，松井先生说，自己今年 74 岁了，但决定在现场奋战到 100 岁。我现在 77 岁，想着能活到 80 岁左右就不错了。松井先生这么一说，像是给了我当头一棒。下一次，应该轮到我来向松井先生学习了。

今天有幸听到这么精彩的发言，真的非常感谢。

"利他哲学"引领企业持续发展

大家好，我是中国江苏省无锡市宜兴协联的宗伟刚。两个半月前（2007年7月），稻盛和夫先生亲自率领120多位日本企业家光临太湖之滨，在无锡市盛和企业经营哲学研究会开讲式上发表题为"经营为什么需要哲学"的精彩演讲，使我和研究会学友深受教益。今天，我能作为无锡市盛和企业经营哲学研究会推荐的代表在京都盛会上发言，感到十分荣幸。[1]

宜兴协联是一家迅速成长中的企业。20年来，我们从小到大、由弱变强，企业规模不断扩大，从一家名不见经传的小发电厂，发展成为拥有热电、生化两大板块的综合型企业。2006年企业实现销售收入13亿元，利润1.8亿元，增值税、所得税合计超亿元，创造了宜兴市的历史纪录。2009年年初，我们公司向当地慈善会一次认捐1000万元，虽然只有缴税额的1/10，但对社会的正面示范作用大大超过缴税的影响。

---

[1] 本节由盛和塾（无锡）塾生、宜兴协联热电有限公司总经理宗伟刚2007年的演讲汇编而成。

我从 1999 年开始担任宜兴协联的总经理，在经营企业的实践中，特别是近几年在学习稻盛哲学的过程中，我逐步认识到：经营者的能力、闯劲加上运气，可能使企业获得一时的成功；但企业的持续成功，决定性因素是经营者的优秀品格和正确理念。企业家持有的哲学观点决定了企业的成败。

4 年前，通过一篇题为"百术不如一诚"的文章，我有幸结识了曹岫云先生，通过他的介绍，我学习了稻盛先生的有关论著。"稻盛和夫的人生方程式"激发了我浓厚的兴趣，"稻盛和夫经营十二条"引发了我强烈的共鸣。这 4 年是我们企业发展的关键期，4 年来，稻盛哲学使我逐步走向成熟，稻盛哲学也正逐步融入协联的文化。2008 年 6 月，曹先生的专著《稻盛和夫成功方程式》由中国大百科全书出版社出版，我立刻买了 300 本，发给企业有关干部员工，并在企业自办的《协联报》上开辟专栏介绍稻盛哲学。稻盛哲学内涵丰富，但核心却十分简单，用两个字表达，就是"利他"，用四个字表达，就是"利他自利"。我认为，这种"利他哲学"不仅可以解释我们协联几年来的成功经验，更重要的在于，这种"利他哲学"正是引领企业沿着正确道路持续发展的思想武器。

"利他哲学"使经营战略获得成功

稻盛先生一贯强调，经营者在考虑所谓"战略战术"之前，首先必须考虑"作为人，何谓正确"；任何战略战术都不能违背"公平、公正、正义、诚实、勇气、谦虚、博爱、勤奋"等做人的基本准则。

比如我们热电厂要发展，必须大力培育热负荷用户，形成规模。而上马绿色长线产品柠檬酸，依托热电是个优势，而柠檬酸生产要消耗大量热能，反过来又会促进热电发展。热电和柠檬酸这两块相互依托，相得益彰，这无疑是一项正确的战略。但热电和柠檬酸都属于高污染的传统产业，热电会产生大量废气（主要是二氧化硫），柠檬酸则会产生大量高浓度废水。我们在实施这项战略之前，就形成了体现"利他哲学"的"绿色协联"理念，绝不只图企业盈利而把污染留给社会。为此，我们不惜斥巨资，解决废气废水的问题，仅一套烟气生物脱硫装置，就投入了 1.2 亿元。烟气生物脱硫就是用废水来处理废气，这项技术目前在世界上属于一流的环保高新技术。因为我们抱着"无论如何必须解决废气废水问题"的强烈愿望，不断努力，结果不但有效解决了污染问题，而且变废为宝，使资源得到循环利用。比如我们把处理污水时产生的副产品——沼气用来发电；烟气生物脱硫置换出的很有经济价值的副产品——单质硫，我们准备用它来制造硫酸，等等。我们在环保和资源综合利用方面的成果得到了国家、省、市领导的充分肯定和环保专家的高度评价，荣获江苏省首批循环型示范企业称号，顺利通过省资源综合利用的审查，并且已经获得数千万元的环保资金补助。

在实施培育热用户战略时，我们着眼于长远，把供热当作一项社会公益事业和城市基础设施来做，供气价格始终定在全省最低价位，不但让用户得到清洁、高品质的能源，提高他们使用的产品的质量，而且大大降低了他们的成本，以此来取得用户的信任。在我们周边有家高耗能的化工厂，在很长一段时间内抱着"自有自便当""它供不划算"的想法，先后建起28吨蒸汽锅炉，拒不接受我厂供热。我们主动请该厂按他们认为划算的成本量为我们的供气定价，进而采取一揽子长期承包的方式打消他们的疑虑。在试运行一段时间之后，该厂终于停掉了他们的全部锅炉，成为与我们十分友好的用户。这样的事例很多。目前我们公司的热负荷从1999年的20吨／小时发展到现在的300吨／小时，增长了14倍。因为我们为周边企业集中供热，淘汰了150多台小锅炉，减少新增小锅炉100台，消除了大量小锅炉污染源，社会效益显著。

正因为我们自始至终把客户和社会利益放在首位，也就是坚持了"利他哲学"，我们的经营战略才获得了卓越的成功，企业才实现了跨越式发展。

"利他哲学"带来好运

稻盛先生的"利他哲学",就是遇事必先体谅对方,不能只考虑自己的利益,有时即使要做自我牺牲也要为对方着想。"利他哲学"一定会带来"人我双赢"的结果。

考虑到我国东北地区佳木斯市在煤炭、玉米以及劳动力成本等方面的优势,以及我们自身所具备的技术、管理和理念优势,2008 年,我们决定收购黑龙江省佳木斯市桦南电厂。

这时候我已经比较深刻地理解了稻盛先生有关利他自利的因果法则。收购桦南电厂,我们从一开始就有意识地、全面地实践"利他哲学"。

桦南电厂是一家亏损企业,承包人在企业亏损了 2000 多万元后,甩手不管。当我们初次到厂时,北方供暖期临近,如果再没有人接手,必将耽误供暖,可能造成严重的后果。而这时当地政府与前承包人之间的合约还没有了断,不能与我们签订正式协议。就是在这样的背景下,我们向当地政府做出承诺:无条件义务帮助他们恢复生产,保证供暖期来临时能正常发电供暖。我们选派精兵强将,对机组和热网进行维修、改造,仅花了 20 天时间,机组就按计划启动,保证了按时供热,同时还消除了厂内冒了十多年的黑烟。

我们先拿宜兴协联的钱给当地员工发工资，员工的平均月收入从 700 元增加到 1000 元。春节前，我们又为全厂员工，包括下岗员工和退休职工送去油、米和优质面粉，并告诉那些下岗员工：厂里暂时用不了这么多人，但不用多久，新工程上马、厂里招工时，他们将是优先考虑的对象。

了解到当地一些特困户交不起取暖费时，我们不但为他们代缴取暖费，还带上慰问品挨家挨户上门慰问。

按规定，每年的 4 月 15 日，佳木斯市就将停止供暖，但考虑到当地的天气比较冷，我们便无偿增加了半个月的供暖期。

因为前承包人拖欠供应商 2000 万元的货款，我们刚到时，没有一家煤矿肯向企业供煤。但我们承诺：与宜兴协联做生意，公关费用为零，货到款清。在质量超过预期的情况下，我们主动加价 2 元 / 吨，使供应商大为感动。

我们的技术人员在协助恢复生产的同时，义务承担了培训运行工人的任务，毫无保留地传授技术与经验。我们选派的总经理在当地认养了三个读不起书的穷孩子，加上宜兴的结对助学，他用他并不是很高的薪水负担了 5 个孩子的学习费用。

许多企业在转让、并购前后，员工与新、老经营层，与当地政府间往往会发生激烈的冲突。但我们这次并购没有发生任何争吵，没有任何一位员工提出非分要求，员工们反而集体要求政府尽快将企业正式转让给我们。

我们的派遣干部与当地工人结下了深厚的友谊，在他们回宜兴时，每次都有好多人主动为他们送行，依依不舍。

几家煤矿争先恐后地主动要求供货，而且不要现钱，愿意赊欠。基于对我们的信任，当地政府终于决定以相当优惠的价格将企业出让给我们。

"利他"的行为给我们带来了空前的好运，获得了我们在宜兴无法取得的宝贵资源和发展良机，使宜兴协联有可能实现又一次大发展。

宜兴协联派驻桦南电厂的总经理非常喜欢《稻盛和夫成功方程式》这本书，他把这本书放在枕边，反复阅读。他对稻盛先生的思想产生了强烈的共鸣，对稻盛哲学在实践中的威力感触最深。

2009 年 5 月，"桦南协联报春热电有限公司"正式揭牌成立，企业呈现蒸蒸日上的景象。

最近，邻近佳木斯市的双鸭山市宝清县政府和相关企业，积极主动地要求我们并购类似桦南电厂的单位，现已进入正式协商的阶段。这一地区探明储量的煤炭资源，占黑龙江全省的40%左右。

实践"利他哲学"的关键在于经营者的自律

稻盛先生认为，企业经营的真正目的，既不是圆经营者个人之梦，更不是肥经营者一己之私，而是在追求全体员工物质和精神两方面幸福的同时，为社会的进步发展做出贡献。为此，经营者必须超脱私心的束缚，让企业拥有大义名分。

1999年2月，一纸调令，我从化肥厂调回热电厂担任总经理。一个有数亿资产规模的企业的经营担子落在肩膀上，这使我好多天寝食难安。

经营者的品格是塑造领导力的基础，是追随者对其信心的来源，提升品格首先要做到廉洁自律。宜兴协联一年采购的原材料近10亿元，这几年基础建设不断，固定资产投资已超过15亿元，加上人事任免权，总经理的权力确实不小。不谈谋取不义之财，就是来自各方面的小恩小惠也很可观。但是，我对自己、对家属、对直系亲属都有纪律。因为我坚持原则不讲情面，时间长了，有的亲属、同学、朋友不理解，开始疏远我，对此，我常常告诫自己要耐得住寂寞。我想，我弯一尺，别人就可以弯一丈。为了维护企业，不义之财，即使蝇头小利也不能沾。这些年来，相当多的钱物直接退还，实在退不了的，我全部上交办公室登记。我认为，如果因为能力水平我算不上一名称职的总经理，那么在廉洁自律方面我完全可以，而且应该成为一个榜样。这样也有助于我提高领导效率。

2003 年 9 月，企业改制，国有股退出。根据当时主要经营者多持股的惯例，考虑到我对企业的责任和贡献以及企业良好的发展态势，政府主管领导主张让我多持股。从个人利益考虑，我应该听从劝告多持股，鉴于我在企业的威信，干部员工也不会有很大的异议。但从"利他哲学"考虑，经营企业要靠大家齐心协力，经营成果大家分享为好。当然，企业中每个人的能力和作用不同，但过高估计我的贡献、让我占大股，我觉得不妥。权衡再三，我提出了"4 个 1/4"的方案，就是总经理 1/4，经营层其他人 1/4，中层干部 1/4，技术骨干、班组长 1/4。这样，全公司持股者超过了 100 人，占员工总数的 10%，囊括了企业主要骨干。实践证明，这是一个大体公正的方案。我认为，在我们企业的现实情况下，人人持股等于无股，"大锅饭"并不公平，并不利于有效调动大家的积极性。对于没持股的员工，我们大幅度提高了他们的工资奖金水平，三年多来，年平均收入从 1.8 万元上升到 2.8 万元。减少我个人的持股比例，增加持股人数，我提出并实行的改制方案，避免了在其他企业出现过的改制风险和激烈的争斗，使改制顺利推进，为企业内部劳资关系的和谐奠定了基础。改制后，随着企业的快速发展，企业骨干的个人资产大幅增值，除工资奖金增加之外，还有股利收益，他们得到了共享经营成果的喜悦。为了激励后来进厂的新秀，我们规定持股干部退休后 50% 的股权由企业回购，用来奖励后起之秀。另外，比股权等物质奖励更为重要的是精神满足。我们重视教育培训，特别是干部的人格教育；同时不断发展事业，给德才兼备者表演的舞台，让他们能够充分实现自身价值；我们由衷地信任他们，让他们在克服困难的过程中磨炼心志，提高能力。

宜兴协联改制成功，说明企业要实践"利他哲学"，经营者的克己和自律是关键。"其身正，不令而行；其身不正，虽令不从。"只有经营者在关系个人切身利益的重大问题上带头实践"利他哲学"，"利他哲学"才能在企业员工中渗透，蔚然成风。

企业环境不断变化，经营者会遇到新的问题和新的考验。稻盛先生说："人格是变化的。运动员为了保持其体能，必须天天锻炼，人的精神也是如此，必须努力陶冶才能保持良好的状态。即使一时人格得到了提升，一旦懈怠，就会堕落。追求高尚的人格，并将它始终维持在理想的状态，需要付出相应的努力，努力克制私利私欲。"挑战是考验，机遇也是考验；挫折是考验，成功也是考验；公司有考验，家庭也有考验……我钦佩稻盛先生把生命的每一天真正过成了不断学习、不断行动、不断反思的每一天，过成了不断提升人格与理念的每一天。只有像稻盛先生那样，不断实践、不断学习、不断思考、不断自我反省，经营者才能有效抵制环境的负面影响，抑制自身本能的利己欲望，净化自己的灵魂，使"利他哲学"真正血肉化，用"利他哲学"规范自己和企业的一切行为。只有这样，企业才能持续发展，并不断为社会做出更大的贡献。

稻盛和夫点评
利他哲学经营企业

这是一个很好的证明。证明在拜金主义蔓延的社会，利他主义照样行得通。

利他行为渗透企业经营

当今社会，经济蓬勃发展，同时拜金主义盛行。满足自己的欲望，追求自身的利益，似乎已成为一种潮流。

在这种风气下，宗先生却以利他哲学经营企业。利他哲学说起来容易，付诸实施并且取得成功则很难。宗先生真是很了不起。

宗先生在接到黑龙江某热电厂希望并购的要求时，已是深秋时节，寒气袭人。中国的东北地区是区域集中供暖，因为没人接手该热电厂，居民取暖很快会成为问题。

看到这种状况，在与当地政府正式签约之前，宗先生主动无条件帮助工厂恢复生产，及时供暖；而且把当地工厂工人的工资从 700 元提高到 1000 元；春节前还给员工们发放食品，热情地关怀他们；对于付不起取暖费的家庭，不仅帮他们代缴取暖费，而且带上慰问品一家一户上门慰问；到第二年 4 月，按规定应该停止供暖，但这年气候特别冷，他又无偿增加了半个月的供暖期。

宗先生就这样以利他的思想经营企业。因为过去企业拖欠煤炭款，煤炭供应商不愿供煤。宗先生采用现金支付等办法感动了这些供应商。通常企业在转让并购时，会发生激烈的冲突，但宗先生这次并购没有发生任何争吵，没有员工提出非分要求，员工们反而要求政府尽快将企业正式转让给宗先生。

宗先生实践了利他哲学。企业并购本来是追求自身利益的行为，但宗先生却贯彻利他哲学，使一切事态都向好的方面转化，使并购获得成功。宗先生真正实践了我所提倡的利他哲学，把企业经营得有声有色。

品格决定经营者的统率力

以利他哲学经营企业的同时，经营者还必须指导和统率全体员工。宗先生认为这种统率力由经营者的品格和人格决定，因此他严于律己，保持了自身的清廉洁白。

总经理握有实权，常有总经理以权谋私。宗先生不仅自己不以权谋私，而且禁止亲属以他的权力谋取好处。有些亲戚、朋友因此疏远他。这虽然让他感到寂寞，但他认识到自己稍微扭曲一点，就可能造成严重后果。因此他耐住寂寞，有送礼的当即退还，保持自己的操守。

在儒家思想的影响下，维护社会正义或许重要，但是，有时骨肉之情似乎更要紧。一个家族中一人出息了，他就负有提携家族其他人员的义务，这在儒家思想影响下的社会乃是天经地义。

在这种背景之下，要贯彻并坚持社会正义，往往会遭到父母兄弟、亲戚朋友的责难，被指责为无情无义，六亲不认。我认为，在看重人情世故的文化环境中，能够贯彻利他哲学、坚守正义的宗先生具备惊人的精神力量。

还有，在国营股份转制过程中，宗先生作为总经理，被劝说持大股，但宗先生认为这样不好，自己只拿 1/4，其余让其他干部分享。宗先生这种做法，同我在创立"第二电电"时，自己不持股而让员工持股，精神是一致的。

宗先生在拜金主义一时泛滥的社会中坚持以利他精神经营企业并取得了卓越的成功。现在宗先生的企业销售额超过200亿日元，利润率达15％，非常出色，而且接二连三有企业提出并购要求。

这些都说明，就算周围人一味追求自身利益，利他哲学仍能畅行无阻并引领企业取得辉煌的成功。

曹岫云点评

稻盛哲学在中国同样适用

中国有"以文会友"这个说法。宗先生是读了我刊登在杂志上的文章《百术不如一诚》以后，邀请我去他的企业讲演，这才同我相识的，而且从此成为知己，一起创建了"无锡盛和企业经营哲学研究会"。

宗先生本来就具备出色的商业才干和优秀的人格，所以 4 年前一接触稻盛哲学，立即产生了深刻的共鸣。而全心全意实践稻盛哲学使他如虎添翼，这 4 年中企业获得飞跃发展，甚至在柠檬酸这个他原来不熟悉的行业，也获得了卓越成功。

宗先生的经验证明，稻盛哲学在中国同样适用，或者说正因为当前的经营环境尚待规范，经营者就更需要稻盛哲学。现在，像宗先生那样热衷于稻盛哲学的年轻企业家，尚为数不多。我相信宗先生的事业还将继续快速发展。作为学习和实践稻盛哲学的典范，宗先生在中国企业界的影响将越来越大。

2007 年 7 月 2 日，"无锡盛和企业经营哲学研究会"举办开讲仪式，稻盛先生率领 120 余名日本盛和塾企业家来无锡参会。会上，宗伟刚的发表打动了稻盛先生。稻盛先生当即决定，邀请宗先生到 9 月在京都举办的"盛和塾第 15 届全国大会"上发言。宗先生这次发言受到大会 1800 名日本企业家的热烈欢迎，并荣获优秀奖。非日本裔企业家在日本盛和塾全国大会上发言，15 年来，这是第一次。获稻盛先生亲自颁发的"优秀奖"，是因为这个发言感动了全场听众，并深深感动了稻盛先生本人。

实践稻盛哲学，洞察未知真理

1957 年，我父亲在滋贺县的彦根市开设了"平和堂鞋包店"，后来逐步增加商品品种；1963 年，平和堂成了销售日用品的百货店，卖场面积达 3300 平方米；1968 年在草津车站前开了第二家连锁店，之后连续开新店；现在，包括关联的零售店在内，以滋贺县为中心，2 府 7 县大小店铺已达 119 家。[1]

这样说来，或许大家认为我们的发展一直很顺畅，事实绝非如此。在降价销售被认为理所当然的时代，有勇气导入"明码标价"的销售方针；向原本一无所知的新鲜食品领域发起挑战，决定自营；特别是不断开新店所付出的辛苦，均非同寻常。

零售业的店面选址布局最重要。寻找好的店铺位置，不是容易的事。有人说："平和堂运气真好，能在那么好的车站前拿到那么大块的空地。"实际上，不可能有现成的空地，那是我们每天工作到很晚，就连除夕也不歇，与土地所有者不断交涉，

---

[1] 本节由盛和塾（滋贺）塾生、平和堂社长夏原平和 2006 年的演讲汇编而成。

获得他们协助的结果。

日本还有《大店法》对开店进行限制，交道不好打；还有工会的问题、确保人才的问题、资金筹措的问题、石油危机后建设费用上涨的问题、到中国开店的问题等，要面对许许多多的困难。父亲凭着创业者的魄力积极应对，我作为助手辅佐他。

我生于 1944 年 9 月，正是战争激烈的时候。父亲期待自己的孩子这一代能迎来和平，所以店名以平假名"平和"两字命名。平和堂设立于 1957 年，听父亲讲，他希望儿子继承这项事业，把公司名称改成了平和堂。

下面讲几点在学习和运用稻盛哲学解决实际问题的过程中看到的真理。

树立高目标，不断奋进

第一点，朝着高目标，认真进取，谦虚谨慎，不骄不躁，努力奋斗。

我于 1988 年出任平和堂社长。我进公司是在 1968 年二号店，即草津店开业时，所以出任社长前，我已在公司干了 20 年。采购、店长，商品部、店铺运行部、促销部等各部部长，总务人事本部长、专务、副社长都做过，与其说是第 2 代社长，还不如说是第 1.5 代更为确切。有了当好社长的自信，当时正值经济景气时期，销售增、利润增，业绩好，经营顺畅。

泡沫经济破灭对我们这个行业影响也不大，反而有一种安心感。1996 年利润到达顶点，为 85 亿日元，但接着连续三年下降，第一年下降到 64 亿日元，原因有两个：一是泡沫破灭后的经济萧条，二是当时认为这种萧条正是设备投资的好机会，于是我们在一年中增开了 7 家新店。因为这只是一时增加成本，所以并不担心。

但第二年利润降到 46 亿日元，我们觉得问题严重，就有点慌张了。第三年利润降到 41 亿日元，记得当时我们有一种恐惧感，担心赤字亏本。

当然，这几年来公司指示各部门削减各种经费，但效果并不显著；此外，同行业其他公司的业绩也在恶化，大多数公司的利润率在 1% 以下，而我们平和堂还算好，有 1.4%。用"还说得过去"这种理由自我辩解，便跌入了塾长常说的所谓"世间的常识"这样的陷阱。

正在此时，我从交往密切的塾生处听说，在东京召开的塾长例会上，塾长强调："正因为处在经济萧条时期，就更要达成应该达成的目标，必须这样去思考。""制造业的利润率要达到10%，你必须这样想。"

此前我一直认为零售业利润率达到 4% 就很好了，此时才开始给干部下达费用削减的目标，寻找店铺减利的原因和对策，在人员配置等方面做了调整。原以为毛巾里的水已经拧干了，这样做后，才明白其实水分还很多。对许多事情，我们过去没采取改进措施，或措施很不得力，自我要求不高、不严，改进的愿望不强烈等，对这些，我都进行了认真的反省。

做预算管理的人认为只要把费用控制在预算范围内就好了，没有贯彻"费用最小化"的原则。这是因为在泡沫经济时企业放松了管理，努力不够，另外也是企业领导者亲临现场不够、认真程度不足造成的结果。

塾长讲过："要谦虚，不要骄傲。努力再努力，现在是过去努力的结果，将来如何要靠现在的努力。"确实，在泡沫经济时期，我们放松、大意了。另外，一旦经济上有盈余就会产生"花这点钱没关系吧"的感觉，便放松了对费用的管理。塾长告诫我们要"坚持俭约方针"，但当时我就抱有自我放松的感觉。

原以为销售额增加就是成长，但其实只是膨胀。特别是当时企业中许多人只是消极等待上级指示，干部没有培育起来。在这些方面的反省对后来的经营起到了促进作用。

分析发现，利润下滑的原因在于新店开得太多增加了开店成本；新店初期亏本；在附近商圈内，新店和老店相互竞争；原有高收益店大幅降利，等等。对策就是实行"销售最大化，费用最小化"的方针，对分店、分部门的经营管理表和月度业绩表进行详细分析，加以改进，加上新店开始盈利，第二年公司利润上升，到本期为止，利润已7年持续上升，利润率已达到3.2%。

在第五年结束时，我受到过塾长的教诲。

当时流通行业形势严峻，许多大型超市或破产，或处于苦斗恶战之中，而我们公司却连续5年增收增利，销售利润达到历史最高水平，超过100亿日元，利润率超过3%。我开始感到安心甚至自满。

1994年2月，在大津的塾长例会上，塾长问："最近业绩如何？"我答道："虽然形势严峻，但由于努力，利润持续增长，利润率已超过3%。我想经过努力，合格目标4%能够达到吧。"我本来期望得到塾长一句"不错，继续加油"这种鼓励的话，不料塾长合起双掌，闭目思索，然后说道："4% 可能算合格，却不属于优秀。"那一瞬间我无言以对，只好说："是，一定努力。"但心里却想，在经济不景气、竞争激烈的环境之中，达到 4% 已经很不容易，塾长对流通行业的困难大概不太了解吧。

但是第二天调查同行业的利润率时发现，虽然各个公司规模不同，却真有利润率达到 5%、6% 的。塾长看穿了我们有自满情绪，就说："连 4% 也做不到！要瞄准更高的目标努力干！"我意识到塾长在批评、激励我。只有树立高目标，才能集结能量，才能获取更大的成功。为什么平时从塾长处学的道理自己就不能实践呢？我认真反省自己。

于是我开始在公司内提出利润率要达到 5% 的目标。从上到下一片反对之声："那怎么可能？""4% 还没达到，怎么又要5%？"我举例说："为什么过去利润率曾降至一半以下？在现在这个时代，什么事都可能发生，不管发生什么事，公司都不能破产。为此，企业的领导层必须有清醒的头脑。"至于如何提高利润，我举例分析销售管理费偏高的原因、降价和断货造成的损失，指明采购成本要降下去。我用具体事例说服大家向新的目标前进。

透过核算表看现场

第二点，10 多年前，我有幸搭乘塾长的车子，看到他胳膊肘处放了很厚的资料。那是公司的业绩表，各个事业部、各个工场记录详细数字的分类表，估计是阿米巴经营的核算表，约有 1 厘米厚。我草草翻了一下。塾长这么一个大忙人居然还看这么细致的现场资料，我为之一惊。

这之前，我只看汇集后的总的数字；这之后，我也开始看各个店铺、各个部门的详细数据，并将原有的店铺利润表改成新的店铺利润管理表。

每个店铺、每个部门、每种商品的销售额，每天、每小时都能知晓；以商品为中心的经营管理表星期天做完，到星期一早晨，每个店铺、每个部门的销售额、毛利、降价情况、进货情况、库存情况都一目了然；月度业绩表每月 20 日做，到 25 日，费用乃至净利就都清楚了，而且每个部门所属店铺的利润次月 1 日都可掌握。

现在，这些情况都尽可能详细地记录，从这些数据表中可以发现各种问题，升、降、正常、异常等。最近，我特别关注新店、有新竞争店出现及经营不景气的店的情况。

我将从经营管理表中发现的问题记在脑子里，星期六、星期天或者出差时到有关店铺转一转，亲临现场，听取店长和员工的意见。

外部环境没变，营业额却降了，到现场一了解，原来是店长与部下关系恶化了；有的店营业额上不去，到现场一看，是收银员不如竞争对手；到降价损失多的店去考察，发现傍晚降价时间太早，或过分委托店里的钟点工；另外，遇到早晨开店时缺品的情况，我在现场拍下照片，开会时出示给大家看。

我再度细看核算表，看数字管理表就能想象现场发生的事。我一走出店，就有人同附近的店联系，那家店的店长在一楼喊"欢迎，欢迎"，很起劲的样子，闹出了不少笑话。总之，我喜欢到现场去，现场非常重要。除了生病，即使是休息日，我也不会悠然地待在家里。元旦店铺还营业，我记挂着就会去现场。虽然还做不到付出不亚于任何人的努力，但做到努力不亚于任何员工是理所当然的。塾长说："要去现场100次。解决问题的线索在现场，新的启示在现场，现场真是宝山。""在现场与员工进行经营方面的交流对话。"我觉得这些话非常重要，我就践行。

非常时期，领导者要挺身而出

第三点，从 1983 年起，24 小时营业的日夜便利店发展很快，我们也开始参与这种"超市"，这种"超市"是总部位于荷兰的世界性组织，在日本也已分地区开展经营。我们决定在滋贺、京都、福井以地区分部的形式加盟，我任社长。开始时，我亲自全力以赴，当了平和堂社长后，就委托给常务去做。

到 1996 年，加盟店已开了 135 家，营业额达 193 亿日元，利润超过 1 亿日元。后来竞争日趋激烈，亏本店增加。从长计议，我们认为以现有规模要继续生存非常困难，这对加盟店、供应商、平和堂都不利。基于这种判断，我们决定撤退。

一旦要撤退，按照加盟合同，靠经营超市吃饭的加盟者如何善后就成了问题。这时候要叫负责超市的常务和部长来解决就有困难，我作为经营者必须挺身而出。因为若涉及损害赔偿的问题，公司可能蒙受很大损失。

另外，超市要找接收对象。我们与数家公司进行了交涉，最终请与我有人际交往的法米利玛特接收。与加盟者开说明会时，其中大多数人我不认识，常务担心，提出由他出面。但我想到塾长说的话:"领导者要亲临一线!""临事要拿出勇气,不可有卑怯的举止。"越是这种时候我越应挺身而出。于是决定由我向大家说明,回答大家的问题。

此时,加盟者中第一个发言的人说道:"原本以为今天由常务解释,现在社长亲自说明情况,让我觉得放心。我立即与法米利玛特签约。"

因为有第一个人发言,大部分人都同意与我们的转让接收者法米利玛特签约,所以没有发生大的纠纷。另外,因为我们把加盟资金及时退还给了各加盟者,所以解决问题的时间比预想的大为缩短,公司的损失也比预想的少。

现在回头来看,当时处理果断及时,如果晚一年,后果将不堪设想。员工们也都尽了力。与人为善加上诚实认真的经营,才让我们获得了这个绝好的退出机会。

通过实践得到了好经验。从这件事可以看出,在非常时期,领导者亲自出马,这种负责的态度带来了事情好的结果。同时,优先考虑加盟店的利益,这种利他之心也很重要。

把《活法》发给全体员工和全体钟点工

第四点，我从塾长处学到许许多多道理，而其中最主要的是"人生方程式"。即人生·工作结果 = 思维方式 × 热情 × 能力。

我在新员工入社教育、新店员工调整、公司报纸上，利用各种机会讲解这个方程式。方程式中最重要的是思维方式，就是同情心、利他心、正直、谦虚等。我认为当与人为善的想法和公司的目标、使命以及个人的志向一致时，公司就强而有力。

我读了两年前塾长写的《活法》一书，这是塾长教诲之集大成。关于应该抱何种观念去生活和工作，这本书中写得非常具体，我读后深受感动。我确信，书中的理念如果能与员工共有，员工就能幸福，企业就能发展。

因此，一开始我就将此书分发给了全体员工，并要求每位员工都写出读后感。经认真考虑，我觉得待员工理解后再将学习心得告诉钟点工有困难。因为员工有 3000 多名，而钟点工有10000 多名。

于是 10000 多名钟点工，我也每人发一本。写不写读后感对钟点工不做要求，但钟点工中也有很多人写了心得。

有一个店早会结束，有位钟点工来向我表达谢意，他说："这本书不但我读了，我孩子也读了。我和孩子还谈了许多感想，真好！"

现在企业开会时或社内报纸上经常引用书中的语录。我从自己的切身体验出发，告诉新提拔的管理人员："当地位或业务内容有变化时，再读《活法》这本书会有与此前不同的感受。另外，在困惑时读这本书，你们就能找到解决问题的方法。这本书你们要反复学。"

平和堂明年将迎来创业 50 周年。为了让公司存续 60 年、70 年、80 年，我们要树立高目标，加强员工教育；我自己要把塾长的教导更多地付诸实践，永远保持"谦虚谨慎，不骄不躁，努力奋斗"的精神。

稻盛和夫点评

哲学要反复学习、反复回味，要创造高收益

以坦诚之心学习哲学

我认为，对世上的经营者而言，接班人的问题，可能是最让人头疼的问题，也是最让人操心的问题。

听夏原先生的发言，我感觉到，夏原先生的父亲得到了一位优秀的接班人，两代人之间的交接非常完美。

夏原先生已经 62 岁了，不算年轻了，但您继承了父亲的职位后，就加入了盛和塾，努力学习我的哲学，并不断在经营实践中运用。您用自然的口吻叙述了这个过程。

一般来说，头脑聪明的人，特别是自己的父亲又把公司经营得非常出色，这样的人往往心气很高，很难虚心学习别人的东西，并认真践行。

但夏原先生不是这样的，您那颗坦诚之心让我吃惊。您学习了很多，您把所学的东西，在实际的企业经营中用活了。

特别是现在，公司规模已经很大了，正式员工超过 3000 名，钟点工超过 10000 人，集团的销售额有三千四五百亿日元，税前利润率达到 3% 左右。

我们初次见面时，我对您说的话，您认真听进去了。税前利润率不是 4%，而是 5%，在流通行业，您正在朝着这个目标努力。销售额超过 3000 亿日元的流通企业，税前利润率能达到现在的 3.2%，我觉得已经很不简单了。

无论是伊藤洋华堂，还是其他企业，能达到平和堂这样的利润率的，大概没有吧。它们顶多也就 1% 左右吧。同行中有巨型企业，还有像大荣超市这种在破产重建的企业。与它们不同，平和堂没有在日本搞全国连锁，而是以近畿圈为中心，集中设店。运用这样的战略，在实现 3000 多亿日元的销售额的同时，平和堂获得了相当高的利润率。

努力共有相同的思维方式

作为经营者，夏原先生就连正月、盂兰盆节，都不休假；只要不生病，就不会待在家里，总是在店铺现场巡视。同时，对我的哲学，您经常思考，不断回味，并和干部员工一起探讨，共同学习。

特别是《活法》一书，您不仅自己读，还发给 10000 多名钟点工。为了实现思维方式的共有，夏原先生可谓下足了功夫。

最后您提到，明年，公司就要迎来创业 50 周年了。从您父亲创业算起，很快就到 50 年了。为了让公司存续 60 年、70 年、80 年，您表示还得继续努力。您用"谦虚谨慎，不骄不躁，努力奋斗"结束了您的讲话。

包含企业领导者在内，全体员工一起学习哲学，消化理解，不断回味，永记不忘。我认为，对于企业的持续发展，这是非常重要的。

特别是夏原先生所在的这个行业，钟点工居多。所以，必须把钟点工也吸引进来，努力实现全员哲学共有，这样，企业就能长期稳定发展下去。

也就是说，哲学形骸化了，当员工们不再谈论哲学、不再把哲学当回事时，那么企业的气数也就到尽头了。无论企业做得多大，都会因此走向衰退。而平和堂，现在夏原先生当社长，只要一如既往，继续努力，我想还会有更大的发展。

大荣超市的中内先生同夏原先生的父亲是同一时代的人，比您父亲稍早一点，他就立志在日本确立"超市"这种业务形态。中内先生作为流通业的先驱，引领并带动了日本流通业的发展，是一位了不起的伟人。可惜他的企业也没有撑过五六十年。

公司规模扩大，业绩出众，就会接二连三搞多元化，把手伸得太长，忘记了"谦虚谨慎、不骄不躁、努力奋斗"，丢失了这一关键的品格，丢失了正视现实的坦诚之心，傲慢起来，以致跌落谷底。这样的事情前后也就五六十年。这是发生在我们眼前的事情。相比之下，夏原先生经营的公司，真是很了不起。

一定不要忘记今天的志向。平和堂第二代事业当然由您干下去，如果第三代由您的儿子继承，希望到时公司能够更好、更繁荣。

提高心性，拓展经营

大家好，我是河南省太和国际旅行社的赵淑红，非常荣幸能代表河南盛和塾，前来参加本次全国报告会。我从事旅游工作已经有 17 年的时间了，公司主要有以下三个业务板块：一是接待全国各地、世界各地的游客到河南观光旅游；二是承办企事业单位到河南的各种会议、活动；三是组织河南本地游客到全国各地、世界各地观光旅游、学习考察。[1]

迷茫中的挣扎

我于 2001 年进入旅游行业，创业的初衷是让自己和家人过上富足的生活。经过十几年的努力，当年的愿望似乎都已实现，就没有了当初奋斗的动力。长此以往，我渐渐心生厌倦：旅游业真是一个让人讨厌的行业，利润那么低，行业内恶性竞争，而一些客户付着三星的价格却总想享受五星的服务……我曾

---

[1] 本节由盛和塾（河南）塾生、河南省太和国际旅行社有限公司总经理赵淑红 2018 年的演讲汇编而成。

不止一次对女儿说："将来干什么也不要干旅游！"

我内心的懈怠，加上近几年旅游业务的急剧变化，企业经营变得越来越吃力。但想到公司其他员工的生存和发展，我想：即使硬撑，也要撑下去。

为了走出经营困境，我不断加入各种各样的平台，希望扩充人际关系圈子，还经常参加各种培训，希望找到能让我走出经营困境的灵丹妙药，能够一招制胜。为此花费了大量的时间和金钱。但学来学去，除了把心折腾得更累，成效并不明显。

大梦初醒，如久旱遇甘霖

2014年7月，我的好友杨彻老师，在参加完杭州报告会后，推荐我读《活法》这本书。当在书中看到稻盛先生因为员工集体辞职而进行反复思考，把"追求全体员工物质和精神双重幸福"作为自己的使命时，我心里不禁一震，觉得在自己的内心深处，似乎也有这样的想法在萌动。

之后，我开始不断翻阅稻盛先生的著作，把知道的、听到的稻盛先生的所有书籍都读了个遍。当我读到"持续付出不亚于任何人的努力、胸怀强烈的愿望"这些内容的时候，内心充满了力量。原来稻盛先生也是这样干的，只是他比我们更勤奋、更努力。这让我对经营充满了期待。

推进全员哲学渗透

在自己读书进步的同时，我也开始在企业中同步推进全员学习稻盛经营学。从 2014 年 7 月开始，太和全体成员每天在晨会上诵读稻盛先生的书，至今已经有 1300 多天，读完了《干法》《京瓷哲学》等十几本稻盛先生的著作，其中有些内容，如"让顾客满意""获得顾客尊重"等，太和的全体成员，包括我本人都会背诵。这些经营理念，逐渐影响了我们的服务行动。

后来，我们又优化了读书方式，从一天读一篇到一周读一篇，每天谁领读谁就结合自己的实际工作做分享，然后由上级点评；到了周末，再对本周学习的这篇文章进行主题微信分享。通过一周的学习，这篇文章的核心理念基本上就深入每个员工的心中了。

在哲学渗透过程中，我们也曾遇到个别干部不接受的情况。我们地接中心的经理彭晶晶，销售能力很强，是公司的骨干，她以为哲学是很空的东西，有时间学哲学还不如多打几个销售电话、多成交几个团队。我曾和她做过一次很深入的沟通，但并没有真正说服她。抱着"胳膊拧不过大腿"的想法，她认为"公司让干就先干着吧"。在学习稻盛 6 个月之后的某天，她一天成交了 17 个团队，而大部分客户是看了她每天发到朋友圈的哲学分享，主动与她联系的。那一刻，她才相信原来稻盛经营学可以与客户产生心与心的连接。从此，她对稻盛经营学深信不疑，并成为公司成长最快的干部，地接中心也成为公司发展最好的团队。所以，对于稻盛经营学，是深信深得。在持续学习的过程中，我们也在稻盛经营学的基础上形成了太和的文化体系。

太和使命：让旅程更美好！
太和愿景：成为一家提供高品质服务、受人尊重的企业。
太和价值观：敬畏客户、诚实守信、团结拼搏、专业创新。
太和经营理念：通过持续为顾客创造价值，让全体员工过上物质和精神双重幸福的生活，并为社会诚信服务做出贡献。

我的数字化经营

2015 年 5 月 14 日，我随河南盛和塾参加了盛和塾企业经营上海报告会。之前，我只是觉得经营哲学好，但并不知道稻盛经营学有多大的威力，在听了大会上诸多优秀企业家的发言之后，才意识到：自己对于稻盛经营学的认知仅仅是一点皮毛。发表报告的企业家们经营业绩的变化让我感到震惊和欣喜。

回来之后，我就着手在企业推行数字化经营：财务数字对全员公示。员工说："我们原来觉得公司一年有几千万元的营业额，一定挣了很多钱，现在才知道，我们的利润率这么低，费用这么高，费用的大头竟是我们的工资。"于是大家开始有了一些经营意识，明白收到的是营业额，浪费的是净利润，开始自觉节能省电……2015 年 10 月，河南盛和塾组织到厦门雅高学习阿米巴经营。雅高集团的总经理艾清华女士的分享让我认识到，比月度经营发表会更重要的是预定会。后来我们就固定在每个月的 24 日前后开下一个月的预定会。

2015 年年底，对于太和来说，这是一个值得铭记和欢呼的时刻：2015 年公司的营收比 2014 年增加了 37.5%，净利润增加 100%。

浅行浅知，走弯路

当我正沉浸于对太和未来发展的美好憧憬中时，却在 2016 年再次遇到经营小危机：经营业绩不但没有持续增长，反而下滑，2016 年营收比 2015 年下滑 12%，净利润下滑 16%。

这让我非常困惑：自己这么努力，到处学习，业绩怎么不增反降呢？我开始怀疑稻盛经营学到底能不能解决持续盈利的问题。

当时盛和塾的杨彻老师让我去为新塾生企业做分享，我也抗拒："我自己都没有做出结果，讲了人家也不信。"他就反复提醒我，向心出发，在自己起心动念处下功夫，寻找问题的根本。

2017 年 9 月 5 日，我带高管参加了洪伟老师的成功方程式总裁课程。洪伟老师问我们一个总监："你对你们企业的使命'让旅程更美好'有感觉没有？"他说："说实话，没太大感觉。"这让我非常吃惊：他是跟随我 10 年的高管，我反复强调使命，怎么会得到这样的反馈呢？这时洪伟老师告诉我："赵总，使命不光要拉动自己工作的热情，更重要的是拉动全体员工的热情，使命和大家必须有关系，你要把追求全体员工物质精神双重幸福放在首位，这样才能点燃员工，共同实现'让旅程更美好'的使命！"

忽然如梦初醒！谁能让游客旅程更美好？当然是充满工作热情的一线员工！为什么企业的使命不能点燃员工的工作热情？因

为"让旅程更美好"这样的使命只关注外部客户而没有关注内部员工。自己为什么只关注外部？因为外部能给企业带来利益。那员工的位置在哪里？显然是在第二位甚至更靠后。

回想过去的 2016 年，因为 2015 年业绩猛增，自己就有些急功近利，不断要求员工挑战高目标。经营发表会上，看到哪个中心的业绩目标没有达成，会把总监训得眼泪直掉，把大家打压得毫无信心，完全忘记了经营的核心是培养有经营意识的人。稻盛先生相信人有无限的可能，点燃员工发自内心的工作热情，目的是帮助人成长。而自己为了业绩增长让员工挑战高目标，起心动念那一刻就偏离了"以心为本的经营"。

回归初心，真使命产生力量

·关爱员工是重要而紧急的事情

找到问题的根源后，我开始和高管探讨如何才能让员工幸福、公司应该确立什么样的使命。最终我们达成共识，把"追求全员物心幸福，实现游客旅程美好"作为太和的最终使命。

那一刻，我们意识到关爱员工是重要而又紧急的事情。为了爱，我们做了员工幸福承诺书。我承诺：为了太和国旅全体家人的幸福，每天工作学习不少于 10 小时，每周工作学习不少于 6 天；我承诺：为了太和国旅全体家人的幸福，如果公司的毛利率达不到 15%，净利率达不到 5%，我就不拿工资。

2017 年已经过去三个季度了，我感觉时不我待，便采取了一系列关爱计划：10 月举行了一次以"幸福"为主题的大雄山幸福之旅，旅游结束的空巴酒会上，干部们宣读了自己的幸福承诺书。晚上的微信分享，同事分享道："真是幸福感爆棚的一天！"

当我们真正关心员工幸福，并将关爱付诸行动时，员工回报给我们的就是超预期的感动。11 月，天逐渐变凉，公司仅仅花了 45 元，给骑电动车上班的员工每人买了一条挡风被，导游部的张丹丹就给她的经理写了一封长达 1134 字的温暖感言，并自我检讨：公司这么关爱自己，在这么好的平台，自己却不够努力，以后一定要努力向同事杨会芳学习，用至诚的服务获得更多的表扬信。

·使命决定战略

太和国旅的核心业务是组织本地游客到全国各地、世界各地去旅游，但是不管怎么努力，我们的满意率却一直难以大幅提升，这让我们非常苦恼。客户最不满意的地方是什么？地接导游总是领着游客去购物、增加自费项目。为了提高客户的满意度，我该怎么办？方向在哪里？我一遍一遍地问自己。

"小刀划破伤口，流出的不是血而是这种愿望的时候，你的愿望就一定能实现。"

稻盛先生的话就像小锤子敲打着我懵懂的大脑。苦思冥想、昼思夜想，好多个夜晚，我真的就像稻盛先生那样，半夜醒来赶快将梦中的思路记录在手机的备忘录里。虽然大部分时候，第二天醒来，看着自己记录的内容，自己也不明白写的是什么。

但就在无数个这样的夜晚之后，我有了清晰的答案。战略转型——公司核心业务转型为河南境内的地接业务！

决定客户满意度的最核心的因素，就是地接导游。太和的哲学渗透得好，员工敬畏客户，只要游客是在河南境内旅游，我们担任地接导游，就能保证客人 100% 的满意率。

我特别激动，与干部们分享我的想法，却没有得到支持。他们说："同行们为什么不愿意大力发展地接？利润太低了，还老爱欠款。""现在全国各地都在做低价团，从上海出发，199 元就可以河南 5 日游，这怎么让客户满意？"我就反复和大家沟通："全世界航空业的利润率只有1%，稻盛先生却把日航的利润率做到了17%。只要我们坚持利他，坚持为顾客创造价值，就一定能够让利润率大大提升！""客户现在是在用低价团来和我们比价格，那是因为我们的服务还没有和竞争对手明显拉开差距。只要我们认认真真地提升我们每一个人的专业，把每个景区讲得客户认为没有人比我们讲得更好，让客户感受到我们是最专业的。只要我们的思维方式从0分到100分持续提升，最终的结果一定会越来越好，我们一定能通过服务优势而不是价格优势成为河南地接第一名。""我们的愿景是成为提供高品质服务、受人尊重的企业，如果不能让每个顾客都享受到旅程的美好，我们怎么会获得尊重？"

像稻盛先生那样，我反复向大家诉说我的梦想，大家感受到了我心中强烈的渴望。最终我们达成了统一的战略目标：做河南境内文化旅游主导者。

在这样的战略指导下，公司取消了一直没有大发展的同业中心（河南同行将收的游客转给我们，我们再转给目的地旅行社）和商务中心，把精兵强将调到地接中心。同业中心的经理哭着要离职，我至诚地和他沟通："同业中心没有大发展，不是你不努力，是公司立项的初心不对。我们像个二传手，同行收的客人倒给我们，我们又倒给目的地的同行，我们存在的意义是什么？如果我们不能为客户创造价值，我们凭什么获得高利润？"当他理解了我的发心，就开始支持公司的决定，后来在新的岗位上做得非常出色。

日本同修加藤先生曾分享"最好的战略是避开和同行竞争"，这对我帮助非常大。今天我想在此基础上增加一点自己的体悟："最好的战略是回到商业的原点，回到生意的本质上来！"希望同修们能有所借鉴！

用使命呼唤使命

战略调整之后，公司更加重视对一线导游的关怀，爱在前，要求在后。我利用一切机会向全员解析太和的使命："客人花费这么宝贵的时间、这么昂贵的金钱，且可能此生只来河南一次，我们有责任、有义务让每一个来河南的游客，都能感受到旅程的美好，感受到河南人的爱和温暖！"

当时我们接待的一个游客因为在自助餐厅多带了馒头而与餐厅发生争执，并投诉到公司。我在晨会上让全员就此事发表意见，结果大家都说："给客户解释解释，说明这是酒店的规定。"而解释的背后是什么呢？"我没错，只是你不清楚规定，因此我给你解释一下。"

我问大家："极力证明自己没错，是客户的错。结果是什么呢？当然是客户离开我们。"

我又问："客人到河南来是为了什么？为了拿馒头吗？显然不是，而是为了收获一段美好的旅程。"大家想明白这个道理后，就容易理解客人，从而反求诸己，找自身原因。就是在这样反复的探讨中，大家相信了太和的价值观，即敬畏客户，坚持"客户永远是对的"这种思维方式。而这样的价值观有效地保证了使命的实现，也让太和的客户满意率达到了100%。

当使命的力量在心中升起，大家便会自动提升标准，拉高底线，摒弃"客人无投诉就可以"的老观念；将满意率100%作为我们的底线，追求感动率达到50%的高标准。

现在太和导游收到的表扬信不计其数，感动顾客的案例更是不断涌现。

游客在对黄琳的表扬信中写道："黄琳让我们对河南人刮目相看，不虚此行。"对苏霞写道："最美的还是导游苏霞。走南闯北，这是我们遇到的最好的导游。感谢贵公司培养了这么好的导游，提升了河南的形象和知名度。"对李攀飞写道："整个旅程中，小李跑前跑后、不厌其烦地关照大家，跑得大汗淋漓，声音哑了也全然不顾。"

来自游客的一封封表扬信，是对太和人心灵的最大滋养，这是真正的精神幸福！

升起行业使命

我们接待的大多是外省同行送来的游客，有很多同行会非常好奇地询问："你们的员工怎么和其他公司的员工不一样？他们为何会有这么高的工作热情？怎么才能让我的员工工作也这么积极？"

于是不断有全国各地的同行来到太和进行观摩学习。每次看到同行们焦急而迷茫的眼神，我仿佛看到了曾经的自己，这让我很有感触，但也很担心，害怕他们会像当年的我一样，急于求成，适得其反。因此，每次我都尽可能分享我的经验，希望能为他们的经营带来一定的帮助。

"为什么不把太和学习稻盛经营学、实践稻盛经营学、调动员工积极性的经验和教训分享给同行，让他们也脱离经营困境、找到真正的出路呢？同行们对太和的文化产生好感和共鸣后，他们也一定非常愿意选择太和作为他们的旅游接待商！这是自利利他的双赢。"想到这一点，我瞬间热血沸腾。但现实和理想总是有差距，因为如果我要做这样一个哲学宣讲，只能是到一个个城市去，邀请当地同行进行集中的文化输出。但是这其中有两大困难。

第一，太和国旅是一家河南本土小企业，对于其他城市的同行来说，知名度不够，我很难将当地同行邀请到一起。

第二，自己不是专业的讲师，很难在半天的时间内让同行对我的主题宣讲产生兴趣并付诸实践，进而对其经营产生益处。

像以前一样，想到这些障碍，我似乎又要放弃了。而此时，我的脑海中突然涌现出稻盛先生开发美国市场时，为了不影响旧有业务的正常运营，领着新培养的下属，一家家拜访客户的情景。于是，我自问："为了太和全员物心幸福，我付出不亚于稻盛先生的努力了吗？"答案显然是"没有"。

我又自问："有游客在某地因为购物起争执而被打死，某地导游辱骂游客的视频被传得沸沸扬扬……这些旅游现状存在，游客能有一段美好的旅程吗？""作为旅游人，何谓正确？"

在这样一遍遍的自问中，我坚定了信念。

2017 年 9 月底，文化宣讲项目正式确立。第一站定在杭州，时间是 2017 年 10 月 31 日。为了这次杭州的分享，我每天都工作 15 小时以上。反复优化课件，反复试讲；请我的先生听，请我的同事听，请我们郑州的同行听；请河南盛和塾的理事长洪伟老师辅导……那个阶段，我自认为付出了不亚于任何人的努力。

在杭州文化宣讲的当天下午，我再次见证了稻盛经营学的魅力：带到现场的 30 本《活法》被全部买走，同行们还排队来找我签名。当我在书上写下"提升心性，拓展经营"这 8 个字时，内心忽然升起了行业使命感。我发自内心地祈愿：稻盛经营学能够影响整个旅游行业，让天下所有的游客走到任何一个地方，都有一段美好的旅程。

继杭州之后，我又分别在重庆、哈尔滨、张掖、北京、上海等多个城市做了太和文化分享，让上千家同行企业听到了稻盛经营学的声音。我还向大家推广了由河南盛和塾研发的 5 分钟快乐读书法，带领将近 150 人阅读稻盛先生的书籍。

正如稻盛先生所说："以利他之心扬帆，必能吹来他力之风。"哲学宣讲后，同行询价纷至沓来。2017 年，公司在取消了两个业务板块的前提下，营收比 2016 年增长了 14％，净利润持平。2018 年第一季度，营收比 2017 年同期增长了 65％。

意外收获：经营哲学让家庭变得更幸福

在我学习稻盛经营学一年之后的 2015 年夏天，女儿进入了省重点高中，可入学成绩却是后五名垫底。我非常着急：在高手如云的省重点，女儿该如何度过这高压的三年？先生给我出主意："你不是有事问稻盛吗？"和先生探讨之后，我和女儿相约，在她住校的日子里，每天给她发一条短信，叫作爱的鼓励。这些短信的内容，有 70％ 来自稻盛先生的思想。到今天为止，已经有 530 多条短信了。

这给女儿带来了很大的变化。她这样理解成功方程式："我们班考第一名的，智商真和我没什么差别，但人家的学习热情确实比我高。"她的思维方式发生改变之后，不用扬鞭自奋蹄，考试成绩每次都在提升，后来一直保持在班级前几名。

"提升心性，拓展经营。"提升心性是因，拓展经营是果。心性提升了，很多美好的事物都会来到我们身边。我们的订单不是求来的，而是影响来的、感召来的。

现在我每天工作学习的时间都在 10 ~ 12 小时，但是从来没觉得累，这是使命带来的力量。我发自内心地认为旅游业是美好的事业，是"满足人民对美好生活的向往"的事业！

感谢稻盛塾长！感谢曹老师将稻盛经营学引入中国！感谢河南盛和塾对太和的支持和辅导！感谢各位的聆听！谢谢大家！

曹岫云点评

战略和"略战"

听赵淑红发表，觉得很精彩；与她聊天，她讲得愈生动；去她的企业拜访，公司上下学习稻盛哲学的浓郁氛围，更是让我感受深切。

我们的经济发展了，旅游业兴旺了。但这个行业低价竞争，事故多发，名声不佳。赵淑红是一个有热情、有能力的人，在这个行业工作了十几年，挣了些钱，却心生厌恶，告诫女儿："将来干什么也不要干旅游！"

学习稻盛哲学让赵总如梦初醒，明确了企业的使命："让旅程更美好！"就是提供令客人感动的服务。那么，谁向客人提供呢？当然是在一线直接为客人服务的员工。于是，追求全体员工物心两方面的幸福就成了公司理念的核心。

一系列关爱员工的措施出台。领导真心诚意，员工很快感应。一次旅游后的空巴就让大家"幸福感爆棚"。天变凉时，公司仅花了 45 元，给骑电动车上班的员工每人买了一条挡风被，就温暖了员工的心。

无论如何要让员工幸福，要让客人感动，这种渗透到潜意识中的强烈而持久的愿望，催生了出色的经营战略。

过去公司的主营业务是在本地组团，去外地旅游，在每位客人那里可赚一二百元；接待外地客人到本地旅游的地接业务，只有薄利几十元。但要命的是，送出去的团，服务质量由对方地接决定，自己说了不算，自己的员工有力使不上，让客人感动更是空话。

怎么办？战略转型——公司核心业务转为做河南境内的地接业务。"我们担任地接导游，就能保证客人100%的满意率。"

地接利润率低怎么办呢？"全世界航空业的利润率只有1%，稻盛先生却把日航的利润率做到了17%。"事在人为，太和的地接业务迅速扩大，在弱化了组团等业务后，利润不降反升，到2019年，员工工资在增长68%的同时，利润增长了约45%，同时很快做出了口碑，各地的委托纷至沓来。因为别的公司都不重视有品质的地接业

务，这个领域的竞争反而不激烈。最好的战略就是"略
战"，就是避开竞争。在地接业务上深耕细作，太和如鱼
得水。

外地同行在选择太和做接待商的同时，都很好奇："你们
的员工怎么和其他公司的员工不一样？他们为何会有这么
高的工作热情？"他们来太和观摩，要求赵总去他们那里
送经传宝。学了稻盛利他哲学的赵总也不推辞，分别去杭
州、重庆、哈尔滨、张掖、北京、上海等多个城市义务做
哲学分享，很受欢迎。结果当然是双赢。

新冠疫情突如其来，旅游行业首当其冲，太和的业务也直
线下降，但因为太和的理念是追求员工幸福，平时就实践
了"水库经营"，所以员工工资照发。同时，疫情期间，
赵总也没闲着，她做了两件事，都是为了让客人更加满
意。一是落实了各地的"社会餐厅"。二是落实了河南各
地的"环游线路"。这又是别的旅游公司不做或不愿做的。
我想，一旦旅游业恢复常态，太和一定能风生水起，更上
一层楼。

坚持稻盛经营学不动摇，
打造国际知名矿机品牌

大家好，我是南昌矿机的李顺山，今天非常荣幸能站在这里与大家分享学习稻盛经营学的体悟。虽然我所取得的成绩不足挂齿，但我还是鼓足勇气，与大家分享。[1]

我是如何走上经营道路的

首先我介绍一下自己。我于 1964 年出生在武汉的一个农村，是村里的"孩子王"，小学一年级就因贪玩留级。因家里穷，不到 5 岁就开始下田干农活。每当我偷懒时，父亲总是教育我：力气是干出来的，不是养出来的。这让我养成了热爱劳动、不怕苦的性格。1986 年，我大学毕业，被分配到长江水利委员会勘测设计院从事工程设计工作。

---

[1] 本节由盛和塾（南昌）塾生、南昌矿山机械有限公司董事长李顺山 2019 年的演讲汇编而成。

1992 年，上级领导任命我为设计室负责人；1993 年 11 月至 1994 年 3 月，作为一名机械工程师，我被派往美国芝加哥的罗泰克公司，与美方技术人员一道从事三峡工程混凝土施工技术方案研究。在为期 4 个月的美国之行中，我怎么也想不到国内外机械设备差距这么大。罗泰克公司是一家员工不足 80 人的小企业，靠着混凝土胶带输送机等几百项专利技术以及独特的经营模式，年销售过亿美元，仅三峡工程项目，它就拿到超过 6000 万美元的订单，而我当时月工资不足 200 元。我被这家公司深深震撼，因此萌生了办这样一家企业的梦想。

回国后，我把美国之行的收获向领导汇报，并申请允许我们设计室办家公司。经过真诚沟通，领导终于同意，这样我便有了第一次经营企业的经历。

公司很快成立，业务开展也非常顺利，一年时间就盈利近 60 万元——当时我们设计室一年的工资奖金也就 6 万元左右。有了盈利，至于是分掉还是用于发展，内部争吵不休。我认识到我的志向在这里无法实现，便决定辞职。

1996 年 6 月，我加入瑞典斯维达拉工业集团，负责矿山设备销售，当时我刚好 32 岁。我拼命工作，短短几年把进口市场份额由 0 做到 50%，连续获得集团公司业绩第一名，导致竞争对手公司的中国区总裁被解雇。

2002 年 9 月 22 日，公司被卖给我们竞争对手公司。这对我和我们团队打击太大，有种被抛弃和被出卖的感觉。我不禁要问：当员工把身心都交给企业时，企业这样做道德吗？没办法，我不得不带领团队到另一家外企工作。

2002 年 10 月的一天，我接到南昌矿山机械厂龚友良厂长的电话，他告诉我他们厂快要维持不下去了，要进行改制，问我愿不愿意参与。要进行这项事业，需要动用家里的全部资金，我便请他来上海详谈。由于前公司被卖给我留下的心理阴影一直没有消除，加上我曾经在美国工作时萌生的梦想，征得太太的支持后，我决定接受改制邀请。

结缘稻盛经营学前的迷惘

当时，南昌矿山机械厂情况非常糟糕。厂区道路两旁是一人多高的杂草，车间里几台破旧的机床旁，围坐着无活可干的工人。据说有客户带着支票来签合同，一看现场情况，找了个理由就走了。

政府对改制非常重视，区长带着相关部门领导与我座谈。在这之前，当地几家企业改制都失败了，这给政府增添了很大的压力。

2003 年 1 月 18 日，新的营业执照发放，改制完成。我成为公司第一大股东，担任董事长；厂长龚友良先生作为第二大股东，担任公司的总经理；加上其他骨干员工，公司总共有近 20 位股东。

企业相当于绝处求生，留下来的员工和公司股东都希望企业经营状况好转，大家团结一心，拼命工作。

依靠全体员工的努力，2003 年——改制第一年，销售订单就由改制前的 700 多万元增长到 2500 多万元。2014 年，销售订单达 2.8 亿元。

随着公司不断发展，员工增加，销售业绩不断提升，经营管理中存在的各种矛盾也暴露出来，一个典型的问题是，交期不能满足订单的要求。由于生产能力弱，交货压力大，质量问题突出，我经常接到客户投诉；现场管理混乱导致安全事故频发。最初，我们把这些归咎于制度流程，于是设立制度、梳理流程。待制度、流程逐步建立和完善后，问题仍然没有多大改善，于是我们认为是执行力问题、心性问题、个别干部的能力问题等，在这些观点中不停打转。

更有甚者，我们第一任销售经理与我们竞争对手合作成立了一家公司，直到他们到处打广告，我们才知道这件事。

由于我家在上海，原先在外企工作时就老不着家，现在不在家的时间更长，因此家庭矛盾时有爆发。加之 2008 年我从南昌驾车回上海途中发生了严重车祸，车辆报废，我腰部受伤，后来虽然康复了，但腰部的不适感一直存在。也许是在国际知名公司待久了的缘故吧，眼前企业的现状与我的预期落差极大。一段时间内，作为经营者的我，面对如此局面，不知从何处着手，确实感觉身心疲惫，对企业经营萌生退意，想一卖了之。

开启稻盛经营哲学之门

2014 年 4 月的一天，江西盛和塾前任理事长余欣永先生到访我们公司，他把《活法》这本书送给我。开始时，我不以为意，心想：活法我还要向人学？余理事长像是看穿了我的心思，说："你先读读，不要先入为主嘛！"我一口气读完了《活法》，顿时感觉如释重负，仿佛瞬间明白了目前企业经营中遇到各种困难和痛苦的原因是什么、怎样才能解决。正如曹会长在《活法》的序言中描述的："第一次读它，我就产生了深刻的感动和强烈的共鸣。""我常常禁不住拍案叫绝，激动不已。"我是工科出身，什么事情都讲逻辑推理。逻辑不通，我就不接受。加上我是湖北人，在这方面更固执。稻盛先生把"人生和工作的结果"用方程式表达，并进行深入浅出的推理，令我佩服不已。我完全被《活法》中的哲学思想折服。对身为科学家、企业家和哲学家的稻盛先生崇拜不已。随后我决定加入"江西盛和塾"，成为一名塾生。

为了提高心性，让全员哲学共有，我在公司开展了更为广泛的稻盛经营哲学学习，组织公司高管参加稻盛和夫经营哲学"杭州报告会""上海报告会""沈阳报告会""深圳报告会""长沙报告会"；组织中高层参加盛和塾组织的"六项精进""成功方程式""阿米巴""预算管理""京瓷人才培养机制""经营十二条"和"经营与会计"等主题的学习培训；参加大连李显锋老师的"商业因果"学习，并多次组织员工到国内优秀企业游学。

我本人更是如饥似渴地学习稻盛经营学，到日本、到京瓷游学，参加日本大阪分塾的稻盛经营哲学分享会，参观日本塾生企业，亲自体验日本，感知日本企业文化和企业家思想；独自参加大连盛和塾的2017年年会，并有幸到大连共立精机孟总、大连盘起工业孔总、大连长之琳夏总等各位经营者的企业学习交流。

面对经营中的困惑，我有针对性地选择稻盛的著作研习。如何经营？我研读《利他经营哲学》。如何开发产品？我研读《赌在技术开发上》。如何定战略？我研读《企业成长战略》。

2015 年，我国经济发展放缓，GDP 增速从 2014 年的 7.4% 降到 6.9%，市场需求萎缩，我们的订单急剧减少，从 2014 年的 2.8 亿元降到 1.7 亿元。幸亏我读了《经营十二条》，书中第三章像是专门为我们写的，其中"经营取决于坚强的意志"和"临事有勇"使我们一下子冷静下来。稻盛先生提出的"克服萧条的五项对策"让我们如获至宝。按"领导亲临营业一线"的策略，我和总经理龚总到各地拜访客户，只要销售人员发现意向客户，我们便建群，成立项目作战指挥部，运用集体智慧提高中标率；按照"在各方面钻研创新"的策略，我们将原先的单一产品销售拓展为向用户提供项目总包；按照"努力开发新产品、新商品"的策略，我们开发高频振动筛、大型反击破、大型颚破等，拓宽了我们的产品供应范围，增加了我们的项目参与度。我和龚总定下的销售目标红线是：确保车间有活干，即使订单没有利润也接。当客户到我们公司参观时，看到我们的车间在忙碌，而同行车间冷冷清清，订单十有八九跑不了。采取了以上措施后，2016 年，尽管行业经济形势依然严峻，我们仍然取得了 2.3 亿元的订单，较 2015 年增长 26%。

开展企业文化建设

通过学习，我们懂得了企业存在的目的是在追求全体员工物心两方面幸福的同时，为人类社会的进步发展做贡献。为此，我们组织中高层管理人员一起，研讨、提炼我们的企业愿景、使命和核心价值观。我们的愿景"行业品质标杆、幸福企业典范、国际知名品牌"为全体员工所认同。"幸福企业典范"就是要把企业打造成追求全体员工物心两方面幸福的企业。

我们从"人文关怀、人文教育"着手进行企业文化建设。我们筹集资金4000多万元，为外地员工建宿舍，全部是三室两厅标准，配三菱电梯，房间配空调、安装热水器，每位外地单身员工一间。如果员工成家，就分配一套房，方便双方父母来照顾小孩。

我们成立幸福企业建委会，组建了30多个"幸福之家"组织，开展家文化建设。每个"家庭"有十多人，"家庭成员"来自公司生产、销售、研发、行政等岗位，公司高管（包括董事长、总经理）也是"家庭成员"。每个"家庭"在一起开展学习、郊游、家访、公益活动。通过"家庭活动"，我们打通了部门墙，消除了人与人之间的隔阂，增强了员工的企业认同感。

有这么一件事。我们总经理所在的"幸福之家"组织家庭聚餐，总经理因故晚到，这家主人在路口等候，每当有熟人路过，他都主动告诉人家，他在等公司总经理来吃饭，脸上洋溢着幸福。

全员哲学共有是企业文化建设最难的事。我们组织全员学习《了凡四训》，让员工明白"果在因上求""种善因，得善果"，公司建立制度的目的都是引导员工"种善因"。我们的制度是覆盖全员的，包括董事长在内。

我们把企业文化与创建企业品牌结合起来。文化是个抽象的概念，但是品牌人人皆知。我们从公司就餐环境、厂容厂貌、厕所卫生、待客礼仪等各个方面开展宣传教育，让员工知道：这就是品牌建设，建设好品牌是我们每个人都能做的贡献。

通过这一系列的学习和实践，我们有了意想不到的收获。当国际知名矿业公司，如巴西淡水河谷、澳大利亚的必和必拓对我们公司进行合格供应商资质考查时，第一道关就是考查企业的社会责任担当。它们查员工名册、查工资表；到食堂、到员工宿舍、到排污管口检查。我们虽然也有需要改进的地方，但合格率之高超出它们预期，我们也有幸成为它们的合格供应商。

提高心性、感悟良多；拓展经营，小有成效

从 2015 年至 2017 年这 3 年，我们的订单每年以 26% 以上的速度持续增长，从 1.7 亿元到 3.3 亿元，2018 年达到 4.6 亿元，税前利润也从 12% 增长到 17%。这得益于 2014 开始的稻盛经营哲学学习，我们学以致用，提出了企业愿景、使命和核心价值观，产品和市场定位正好契合国家战略。针对国内经济可能出现的调整和波动，我们也在加紧对国际市场的开拓和布局。2018 年，我们海外订单近 4000 万元，按海外事业部周总的说法，2019 年有望达到 1 亿元。

通过 5 年来对"稻盛经营哲学"的学习和践行，我有以下几点感悟。

第一点，确立"稻盛经营哲学"为企业经营的统一思想。

我们公司的员工有着学历高、眼界开阔、思想活跃的特点，如何将员工们拧成一股绳是个难题。通过学习和思考，我觉得我们将经营思想统一到"稻盛经营哲学"上可以得到全体员工的认可。

在公司高管的家书分享中，我写道："南昌矿机今天有没有'统一的经营思想'？当然没有！一个没有统一的经营思

想，或者说没有'哲学共有'的公司，不可能走远。个人付出和牺牲再多，成就的只是一段悲伤的故事，因为力量被内耗了。"

第二点，由哲学统领，科学管理才能发挥功效。

稻盛先生曾说："各种管理方法固然重要，但真正起决定作用的是哲学。"反思经营过程中出现的问题，我们一度认为是欠缺科学的管理方法制约公司的发展。企业的效率、经营成本及产品质量存在的问题都是缺乏科学的管理方法造成的。其实，我们花了很多钱引进了 ISO9001 质量管理体系、ERP 资源管理、6S 现场管理、OA 办公管理系统、CRM 等模式，但成效并不如意。我们现在才明白，企业必须由哲学统领，科学管理才能更好地发挥作用。

第三点，"分部门独立核算"或者说"阿米巴经营"是我们企业发展的必然选择。

经过较长时间的思考，组织员工开展《活法》《稻盛和夫的实学：经营与会计》《阿米巴经营》的读书打卡学习，我们决定从 2019 年开始开展"分部门独立核算"，目的除了"让员工感受市场的温度，培养经营人才，实现全员参与的经营，让员工拥有主人翁意识和获得感"，我们希望各部门与自己的客户和供应商构建责权利明晰的合作规则，即制度和流程，让规则的制定自主化。我们边读《稻盛和夫的实学：经营与会计》，边一一对照"会计七原则"整改内部存在的问题。

学习稻盛经营哲学五年多，我们也遇到一些重大的决策问题。这些决策过程体现了我们的心性、胆识、担当，而这些表现离不开学习"稻盛经营哲学"，这里举几个例子。

» 利他经营哲学 —— 陕煤新材砂石加工厂运营承包
陕煤新材是我们的一个客户，它的项目选用我们的全套设备，施工运营却选择了另一家企业。项目投产后，长期不能达产达标，陕煤新材便请求我们想办法。虽然问题不是出在我们的设备上，但是我们积极响应。我亲自到现场查看各个细节，一一排查问题。由于现场到处冒灰，我弄得满身灰尘，眉毛也变色了，而运行单位的人员却站在外面，远离灰尘。晚上，我们又忙通宵，把需要完善改进的问题一一归类，说明原因，给业主出具了一份高质量的建议书。凭借我们专业、负责和利他的行为，陕煤新材和施工运营企业的领导对我们非常认可，他们商量，决定委托我们运营，年运营收入可达 3000 万元。

» "积善之家必有余庆" —— 海外研发基地设立
生产与我们公司类似的矿山设备的国际巨头，大多有着 100 多年的历史。研发是我们的软肋。我原来工作的那家瑞典公司，也是生产矿山设备的，那是一家有着 100 多年历史的国际知名公司。我离开后，与前同事一直保持着联系，每年都互致问候。今年 3 月，我接到一封邮件，前同事说一个搞研发的朋友离开公司了，问我是否愿意合作。我二话没说，马上请他来公司考察。考察结束后，他很满意地回去了，过了一个月，我又赶往瑞典，与之进行详谈。他被我的诚意感动，我们的欧洲研发中心得以很快设立，一下子将公司的研发能力提高到国际水平。

» 公司 IPO 的决定

公司发展到今天，虽然还存在这样那样的问题，但我们觉得，公司上市的条件在逐渐具备，但公司走不走上市这条路，我们纠结了好久。我也反复问自己："走上市这条路对吗？上市的目的到底是什么？"当我确信公司上市将是我们实现企业愿景的中途目标，是为了使企业治理更加规范、更具有抗风险能力、更能保护我们的员工、能尽快实现公司的愿景时，我们一致决定走上市之路。稻盛先生也说，只要坚信自己"能行"，梦想就一定能够实现；持续付出不亚于任何人的努力，那么不管有多少困难，梦想一定能够实现。南昌矿机集团一旦成功上市，便可将上市获得的融资用在设备投资上，企业就能巩固发展；在收获包括自己在内的全体员工物心双幸福的同时，也能更好地为社会做贡献。

今年我们报名参加了江西盛和塾第二期哲学手册编写班。一家公司的传承，一定是一代领导集体向另一代领导集体的传承，一定是优秀企业文化、正确经营理念的传承。学习、实践稻盛经营哲学打造了我们自己的企业文化、经营理念，将南昌矿机建设成幸福企业、百年企业。

稻盛经营哲学，让家庭重归和谐

今年 7 月初，湖南盛和塾周新平理事长到访我们公司，建议我谈谈家庭，因为家庭问题是所有企业经营者回避不了的问题。周理事长的话确实点到了我的痛点。

太太是我的初中同学。过去，我们家在汉口，她每天到武昌上班，通勤时间三个多小时。我做工程设计，出差频繁，太太疲惫地回到家里，冷锅冷灶，这种心情我是无法体会的。搬到上海后，我在外企负责销售，一干就是 10 年，每年几乎有 300 天在外，留下太太一个人带孩子，操持家务。我在一个陌生的环境里，一切都得靠自己，哪怕病了，身边也没个人照顾。现在一提到那段经历，她都泪流满面。如今，企业在南昌，小孩在外求学，我仍然到处出差，对太太而言，寂寞无助的日子好像没有尽头。聚少离多的日子、缺少及时的交流沟通，我和太太从怀疑到争吵，从争吵到提出离婚。

加入盛和塾后，我总是带着稻盛经营哲学的书籍，每天读书打卡。有时，她也会翻翻我带回家的书，了解我到底在学什么。我们的争吵在逐渐减少，我也尽量安排时间陪她。今年 6 月初，我们去中国台湾地区旅游；7 月底，又到莫斯科和圣彼得堡旅游。无论到什么地方，稻盛的书籍一直陪伴着我。

太太总是问我，为什么我从不跟她提离婚的事。有一次，我们吵得厉害，她坚决要离婚。我只得同意，协议书全都按她的意愿写好。从地铁出口去往民政局的路上，她拖着拉杆箱在前面走，我拖着拉杆箱在后面走，看着她瘦削单薄的背影和那染过的白发被风吹扯，无尽的忏悔涌上我的心头。我这才意识到，一直被我忽视的、我这一生中真正对不起的人，正是自己的太太。

由于我的改变，太太对我们的过往也渐渐释怀，我们三口之家重归和谐。如果不是加入盛和塾，可以肯定，我不会读哲学书，不会反省，也就得不到思想转变的机会。在此，我也呼吁，企业经营者应向经营企业一样，用稻盛哲学来经营自己的家庭。

经过这 5 年多的稻盛经营哲学学习、实践，公司"行业品质标杆、幸福企业典范、国际知名品牌"的愿景逐渐清晰。我们已经在单品细分领域被国内客户视作领先品牌。国际上，我们的产品销售到了美国、澳大利亚以及欧洲等市场。

我们将稻盛先生追求全体员工物心双幸福的经营理念通俗化，提倡"要让员工快乐地挣钱，要让员工挣快乐的钱"。

提高心性，拓展经营；提高心性，幸福家庭。面对取得的这些成绩，我要真诚感恩我的太太和女儿，感恩全体员工，感恩我们的客户和合作伙伴，感恩我们方方面面的朋友，也感恩稻盛先生和盛和塾各位灵魂之友的加持，谢谢大家！

曹岫云点评

哲学必须共有

李顺山从小就是"孩子王"，这点与稻盛相同；5 岁就干农活，而且养成了热爱劳动的习惯，这点比稻盛还强；参加工作不久即被任命为设计室负责人，作为集团公司四千余名工程师中挑选出的二人之一，被派往美国学习研修；由他领导的设计室办的公司，第一年就盈利 60 万元；进入一家外资企业做销售后，业绩年年第一；参与改制的企业更是一炮打响。这些说明李总原本就有组织才能和经营天赋。

依靠这种先天的能力和自身的努力，改制企业的销售额第一年就从 700 万元增加到了 2800 万元，11 年中增长了40 倍，这是相当骄人的成功。

然而，仅仅依靠能力和努力，进一步的、持续的发展是无法保证的。果然，随着规模扩大，乡镇企业那套管理方法不灵了，质量、交期问题频发，还几次出工伤事故。在制度、流程、执行力等方面的改进却不见效，其间还有干部吃里爬外。加上车祸受伤、夫妻矛盾等，李总一时焦头烂额，不知如何才好，以至于萌生退意，打算将企业一卖了之。

在四面楚歌中，李总邂逅了稻盛哲学。一口气读完《活法》，李总顿时感觉如释重负。那么，李总卸下了什么负担呢？

鉴于以往的成功经历，李总有一种英雄主义情怀，就是要办一家出色的公司，证明自己的能耐，也就是满足"自我实现"的欲求。这与稻盛创办京瓷的目的——让自己的技术问世，大同小异。这样的目的虽然也摆得上桌面，但说到底，还是利己或倾向利己的。稻盛因员工辞职事件，毅然转变企业目的。李总在学校时当班长，本来就有为他人服务的意识和经历，"心有灵犀一点通"，受稻盛的触发，李总立马就把实现个人抱负的目的转变为"为员工、为社会"，精神从利己的束缚中获得解放，转变为利他。这一转变非同小可。

自己转变理念只是开始，哲学必须共有。于是李总参加盛和塾，一系列学习活动积极展开，导入阿米巴经营也是顺理成章的事。同时，让员工幸福的举措接二连三出台。员工们齐心协力，在经济增长放慢的大环境下，企业年增长率达到 26%，利润率达到 17%，成了高收益企业、行业的龙头企业。上市也提上了议事日程。

因为在判断时加进了"利他"这一哲学元素，所以在国内外项目重要而艰难的决策中，李总都做出了正确的选择，赢得了大型客户的信任，赢得了重要的商业机会。

"利他"还有效地改善了李总与太太的关系。多沟通，多体谅，多关爱，让家人放心，家庭事业两不误。

李总的故事在盛和塾具有普遍性。稻盛著作销量已经突破2000 万册。在这里，我提一个问题供读者思考。

像李总这样，读稻盛的书，立即产生深刻的感动和强烈的共鸣，进而付诸实践，企业就持续成长。而有的企业家虽然遭遇类似的问题，但他们不读稻盛的书，即使读了，也没有什么感觉，更不愿付诸行动。这是为什么呢？

经营为什么需要哲学

盛和塾

提高心性，拓展经营

稻盛和夫经营研究中心（简称"盛和塾"）是企业经营者学习、实践稻盛和夫的人生哲学、经营哲学与实学、企业家精神之真髓的平台。塾生们通过相互切磋、交流，达到事业隆盛与人德和合，成为经济界的中流砥柱、国际社会公认的模范企业家。

1983 年，京都的年轻企业家们向稻盛先生提出了一个愿望——"给我们讲解应该如何开展企业经营"。以此为契机，由 25 名经营者组成的学习会启动了。截至 2019 年年底，盛和塾在世界各地的分塾已发展到 104 个，除日本外，美国、巴西、中国、韩国相继成立了分塾。

2007 年，曹岫云先生在无锡率先发起成立中国第一家盛和塾——无锡盛和塾。

2010 年，稻盛先生提议成立稻盛和夫（北京）管理顾问有限公司（以下简称"北京公司"），将其作为总部负责中国盛和塾的运营。至今，31 家地区盛和塾（未统计台湾地区数据）、3 家筹备处先后成立。

北京公司成立之初，稻盛先生即决定在中国召开塾长例会，即稻盛和夫经营哲学报告会，后更名为盛和塾企业经营报告会。2010 年至今，盛和塾企业经营报告会共举办了 13 届，已成为一年一度企业经营者学习、交流稻盛经营学的盛会。

2019 年年底，稻盛先生宣布关闭世界范围内其他地区的盛和塾，仅保留中国的盛和塾继续运营。

盛和塾成立 30 多年来，不仅会员人数不断增加，学习质量也不断提高，其中有 100 多位塾生的企业已先后上市。这么多的企业家，这么长的时间内，追随稻盛和夫这个人，把他作为自己经营和人生的楷模，这一现象，古今中外，十分罕见。

盛和塾的使命：帮助企业家提高心性、拓展经营，实现员工物质与精神两方面的幸福，助力中华民族伟大复兴，促进人类社会进步发展。

盛和塾价值观

努力／谦虚／反省／感恩／利他／乐观

盛和塾公众号

盛和塾官方网站

稻盛和夫线上商学院

经营为什么需要哲学